Gran Canaria

Insula Fortunata: Vom Nutzen einer Atlantikinsel

Gran Canaria vom Spätmittelalter bis zur Gegenwart

Izabella Gawin

Edition Temmen

Die Deutsche Bibliothek - CIP-Einheitsaufnahme:
Gawin, Izabella:
Insula Fortunata: Vom Nutzen einer Atlantikinsel.
Gran Canaria vom Spätmittelalter bis zur Gegenwart /
Izabella Gawin. - Bremen , Ed. Temmen 1995
ISBN 3-86108-249-5

Hohenlohestr. 21 — 28209 Bremen
Tel.: 0421-344280 — Fax.: 0421-348094

Druck: Interpress
ISBN 3-86108-429-5

Inhalt

Vorwort

Der Kanarische Archipel, eine Inselgruppe im Atlantik, liegt über 1.000 Kilometer von der Iberischen Halbinsel, aber an seinem östlichsten Punkt nur etwa 100 Kilometer von Kap Juby in der heutigen Westsahara entfernt. Geographisch gehört er zu Afrika, politisch zu Europa. Die Gesamtheit der ostatlantischen Archipele, wozu auch die Azoren, Madeira und Porto Santo, die Kapverden und Selvagens-Inseln gehören, trägt die Bezeichnung Makaronesien. Der Name bedeutet 'glückliches Land' und verweist auf die Mythen, die sich in der Antike um die Inselgruppen rankten.

Seit die Kanarischen Inseln auf der Landkarte verzeichnet sind, sind sie ein begehrtes Objekt ausländischer Intervention. Ein weiter Bogen spannt sich von den ersten Kontakten mit europäischen Sklavenjägern und Missionaren im 14. Jahrhundert über die Unterwerfung durch die kastilische Zentralgewalt am Ende des 15. Jahrhunderts bis hin zur Abhängigkeit der kanarischen Ökonomie von ausländischen Investoren und Reiseveranstaltern im Tourismusgeschäft des 20. Jahrhunderts.

In der vorliegenden Arbeit sollen die Gründe diskutiert werden, warum der Archipel ein Objekt auswärtiger Interessen hat werden können, wie sich die ausländische Einflußnahme gestaltete und welche Konsequenzen diese für die Inselbevölkerung hatte. Um die Kohärenz der Darstellung zu erhöhen, beschränkt sich die Studie auf die Insel Gran Canaria, der der Archipel seinen Namen verdankt. Im Verlaufe der über 600 Jahre währenden Geschichte der Anbindung Gran Canarias an Europa wurde die Insel als Sprungbrett nach Nordafrika benutzt, war kastilisches Versuchslaboratorium für die nachfolgende Conquista Amerikas, diente als Stützpunkt im triangularen Handel und war führender *port of call* im imperialen Zeitalter. Verdankte sich solche Interessiertheit der privilegierten geostrategischen Lage, so waren es vor allem geographisch-klimatische Faktoren, die den Aufstieg Gran Canarias zur wichtigsten Bastion der spanischen Tourismusindustrie begünstigten.

Wichtige Anregungen zu meiner Arbeit verdanke ich auf dem Archipel veröffentlichten Einzelstudien. Dokumente zur kanarischen Geschichte wurden ab 1933 an der Universität von La Laguna (Teneriffa) in der Reihe *Fontes Rerum Canariarum* publiziert, erste Studien zur Regionalgeschichte in den Zeitschriften *Revista de Historia Canaria* (ab 1950) und *Anuario de Estudios Atlánticos* (ab 1955). In den Jahren des Übergangs zur Demokratie intensivierte sich die Forschung; Kongreßberichte und Monographien erschienen in den Jahresschriften *Coloquios de Historia Canario-Americana* (ab 1976) und *Aula Canarias y el Noroeste de África* (ab 1984). Eine aktive Rolle bei der Erforschung kulturgeschichtlicher Fragestellungen spielten die Regionalbank und die Wissenschaftsabteilungen des Kolumbushauses und des Kanarischen Museums. Die aufgeführten Institutionen förderten die Veröffentlichung von Studien zur demographischen Entwicklung, zur Handels- und Agrargeschichte sowie zur Rolle der religiösen Einrichtungen.

Notarielle Urkunden konnte ich im Historischen Provinzarchiv von Las Palmas, Inquisitionsberichte in der Dokumentensammlung des Kanarischen Museums einsehen. Britische Konsularberichte und Geheimdokumente aus dem Zeitraum 1852–1945 konsultierte ich im Londoner Staatsarchiv; sie belegen das wirtschaftliche, später auch militärische Interesse der britischen Regierung an der Atlantikinsel. Daten zur touristischen Ökonomie prüfte ich im Sozialwirtschaftlichen Forschungszentrum von Las Palmas, zusätzliche Informationen verdanke ich dem Zeitungsarchiv des Kanarischen Museums.

I. Der reduzierte Blick: Anmerkungen zur kanarischen Kulturhistoriographie

Mythos und Realität

Der antike Mythos erzählt von Göttern und ihren glorreichen Taten, spiegelt eine vorrationale Sicht der Welt; er ist fiktiv und gibt doch vor, von historischen Ereignissen an realen Orten zu reden.

Die Differenz zwischen Mythos und Wirklichkeit wird in den Schriften zahlreicher kanarischer Kulturwissenschaftler verwischt. Schon die frühen Griechen, so behaupten sie, hatten Kenntnis von den Kanarischen Inseln. Als Zeugen werden Homer und Hesiod benannt, aber auch Pindar, Herodot, Platon und Plutarch. Doch wer in ihren Texten eine Bestätigung für die vorgebrachte These sucht, wird enttäuscht. Der meistzitierte Passus ist dem vierten Gesang der *Odyssee* entnommen und stammt von Homer. Darin prophezeit der Meeresgott Proteus dem griechischen Souverän Menelaos ewiges Leben an einem paradiesischen Ort:

> Dir aber ist es nicht bestimmt, o zeusgenährter Menelaos! daß du in dem rossenährenden Argos sterben und deinem Schicksal folgen sollst, sondern dich werden die Unsterblichen in das Elysische Gefilde und zu den Grenzen der Erde schicken, wo der blonde Rhadamanthys ist. Dort ist das leichteste Leben für die Menschen: kein Schneefall ist dort noch auch viel Winterwetter noch jemals Regen, sondern immer schickt der Okeanos die Hauche des schrillblasenden Wests herauf, um die Menschen zu kühlen – darum daß du die Helena hast und bist ihnen der Eidam des Zeus.[1]

Der Kulturwissenschaftler Cabrera Perera zitiert diese Verse und wertet sie als Beleg für die eingangs vorgetragene These: "In der Welt der Antike waren die griechischen Schriftsteller die ersten, die sich in ihren Werken mit den Kanarischen Inseln beschäftigten."[2] Verfasser touristischer Informationsschriften greifen diese Deutung dankbar auf und suchen sie werbewirksam zu verallgemeinern; Glücksvorstellungen unterschiedlichster Provenienz werden aneinandergereiht, auch christliche Motive den griechischen Autoren zugeschrieben. So heißt es in dem vom *Patronato de Turismo* herausgegebenen Kongreßführer: "Griechische Poeten des Altertums sprachen vom Garten der Hesperiden, vom Garten Eden und von den Elysischen Gefilden, die sie im

---

1 Homer, *Die Odyssee*, übersetzt in deutsche Prosa von Wolfgang Schadewaldt, Hamburg, 1958, 4. Buch, V. 561–569, S. 55.

2 Antonio Cabrera Perera, *Las Islas Canarias en el mundo clásico, Madrid,* 1988, S. 53; ähnlich José Vera Galván, "El desarrollo turístico", *Geografía de Canarias*, Hg. Guillermo Morales Matos, Las Palmas, 1993, S. 469.

Kanarischen Archipel ansiedelten: 'Land der Fruchtbarkeit, wo Obst und Blumen in der Brise des Atlantiks duften.'"[1]

Die angeführten Textstellen griechischer Autoren bleiben mythischer Geographie verhaftet und ermangeln einer exakten Topographie. Wer hierüber hinwegtäuscht, will die kanarische Geschichte veredeln, möchte sie eingefügt wissen in den abendländischen Kulturzusammenhang. Die von Homer besungenen Elysischen Gefilde waren in der antiken Mythologie ein Ort, wohin auserwählte Menschen gesandt wurden, um ein vom Tod nicht bedrohtes Leben zu führen. *Elysion* war ein Zwischenreich, fernab der Menschen und der Götter, nicht Hades und nicht Olymp. Es war am Westrand der Erde verortet, die gemäß der kosmographischen Vorstellung der Griechen an den 'Säulen des Herkules' endete. Hiermit war die Meerenge von Gibraltar gemeint, jenseits derer die Sonne versank und die unerforschte Welt des Ozeans begann. In ihm, so glaubte man, mochten Inseln angesiedelt sein, auf die sich Ängste der Menschen, aber auch Wünsche und Verheißungen richteten.

Phönizische Seefahrer starteten um 1100 v.Chr. Fahrten ab Cádiz entlang der afrikanischen Küste, und es wird für möglich gehalten, daß sie dabei auch Fuerteventura und Lanzarote, die beiden östlichen Inseln des Kanarischen Archipels anliefen. Darum ist nicht auszuschließen, daß der mythischen Geographie aufgrund mündlicher Überlieferung reale Elemente beigemischt sind; die von Homer und anderen griechischen Autoren vorgenommene Ortsbeschreibung bleibt gleichwohl zu unbestimmt, als daß die Textstellen nicht auch auf andere Atlantikinseln bezogen werden könnten.

Erst mit der Unterwerfung Nordafrikas durch die Römer 42 v.Chr. begann sich mythische in reale Geographie zu verwandeln. Die Atlantikinseln wurden Zielpunkt von Expeditionen, erlaubten relativ genaue Angaben über ihre Lage. In seiner enzyklopädischen Naturkunde *Naturalis Historia* berichtet Plinius der Ältere von einer Reise, die im Auftrag eines römischen Vasallen, des mauretanischen Königs Juba II., im Jahr 25 v.Chr. erfolgte. Zum ersten Mal werden hier die *Insulae Fortunatae* geographisch verortet und mit Namen versehen: Canaria (Gran Canaria), Ninguaria (Teneriffa), Junonia Mayor (La Palma), Capraria (El Hierro). Plinius erwähnt auch einen dieser Inselgruppe vorgelagerten Archipel, den er nach den dort gefundenen Farbpflanzen 'Purpurinseln' nennt (Fuerteventura, Lanzarote, Graciosa, Isla de Lobos).[2]

---

1 *Treffpunkt Gran Canaria: Ihre Tagungsinsel*, Hg. Patronato de Turismo, Las Palmas, 1994, S. 5.

2 Gajus Plinius Secundus, *Naturgeschichte*, Bd. 1, übersetzt und mit erläuternden Registern versehen von Christian Friedrich Lebrecht Strack, Bremen, 1853, 6. Buch, 32. Kap., S. 285f.; zur Interpretation der Inselnamen vgl. Antonio Díaz Tejera, "Las Canarias en la Antigüedad", *Canarias y América*, Hg. Francisco Morales Padrón, Madrid, 1988, S. 27f.

Der Name *Canaria* bietet bis heute Anlaß zu vielen Spekulationen. Die Theorie, er leite sich ab vom lateinischen Wort *canis* (Hund), stützt sich einzig auf die Ausführungen von Plinius, der von der Existenz riesiger Hunde berichtete. Da jedoch diese These durch Ausgrabungen nicht hat bestätigt werden können, erscheint die Vermutung naheliegender, der Name verweise auf die *Canarii,* einen in Nord- und Nordwestafrika ansässigen Berberstamm. Die Mehrzahl der Archäologen und Anthropologen glaubt, Teile dieses Stammes seien ab etwa 500 v.Chr. in mehreren aufeinanderfolgenden Schüben auf den Archipel übergesetzt. Es wird vermutet, die Ausdehnung der Sahara und die römische Invasion Nordafrikas habe sie zur Suche nach neuem Lebensraum angespornt. Linguisten stützen die These einer berberischen Herkunft:[1] die Sprache der Altkanarier, so erfahren wir, ähnelte einem Berberdialekt; Relikte überleben in Ortsbezeichnungen wie Artenara, Tejeda, Tirajana und Güi-Güi.

Mit dem Zerfall des Römischen Reichs gerieten die Atlantikinseln für lange Zeit in Vergessenheit. Im 7. Jahrhundert eroberten die Araber den gesamten nordafrikanischen Raum, 999 n.Chr. gelang Ben Farroukh die Wiederentdekkung des dem Kontinent vorgelagerten Archipels. In Anlehnung an die lateinische Bezeichnung *Insulae Fortunatae* verwandten die Araber den Namen *Al Djezir al-Khalidah* (Glückliche Inseln). Im Jahr 1016 und wahrscheinlich abermals zu Beginn des 12. Jahrhunderts entsandten sie weitere Expeditionen auf den Archipel, zeigten sich allerdings an dauerhafter Inbesitznahme nicht interessiert.[2] In der klassischen arabischen Literatur lebten die 'Glücklichen Inseln' fort: Al-Bakri, Ibn Said und Ibn Jaldun zählen zu ihren wichtigsten Vertretern.[3] Die arabischen Expeditionen werden in kulturgeschichtlichen Schriften zumeist unterschlagen, das Recht auf Entdeckung bzw. Wiederentdeckung der Inseln soll den Europäern vorbehalten bleiben. So darf ein Geschichtsschema einrasten, das dem Leser der westlichen Welt wohlvertraut ist: auf Notiznahme durch die erhabene Antike folgte das dunkle Jahrtausend, bis schließlich mit der Conquista der Archipel endgültig der Alten Welt einverleibt wurde.

---

1 Vgl. Dominik Josef Wölfel, *Monumentae Linguae Canariae: Die kanarischen Sprachdenkmäler: Eine Studie zur Vor- und Frühgeschichte Weißafrikas*, Graz, 1965, S. 6.

2 Vgl. Isacio Pérez Fernández, "Estudio preliminar", Fray Bartolomé de Las Casas, *Brevísima relación de la destrucción de África: Preludio a la destrucción de Indias*, Hg. I. Pérez Fernández, Salamanca, 1989, S.146, "Al Idrisis Beschreibung einer Entdeckungsfahrt auf den Atlantik", *Dokumente zur Geschichte der europäischen Expansion*, Bd. 1: *Die mittelalterlichen Ursprünge der europäischen Expansion*, Hg. Charles Verlinden / Eberhard Schmitt, München, 1986, S. 37–40.

3 Vgl. Juan Vernet, "Textos árabes de viajes por el Atlántico", *Anuario de Estudios Atlánticos*, Bd. 17 (1971), S. 401–427.

Hispanidad und *Canariedad*

Die kanarischen Veröffentlichungen zur Geschichte und Kultur des Archipels sind fast durchgängig von nationalistischer Denkweise geprägt. Dabei handelt es sich um zwei konkurrierende Konzeptionen: die der *Hispanidad* und die der *Canariedad.* Die Anhänger der Hispanidad begreifen die kanarische Inselgruppe als integralen Bestandteil Spaniens, von dessen kulturellem Wirken weite Teile der Welt profitierten; die Verfechter der Canariedad begreifen sich als Anwälte eines eigenständigen Volkes, proklamieren eine spezifisch kanarische Identität.

Die Forschung auf dem spanischen Festland hat den Kanarischen Inseln bis zur Zeit der *Transición*, des Übergangs von der franquistischen Diktatur zur parlamentarischen Demokratie (1975–78), nur wenig Aufmerksamkeit geschenkt; auch im Rahmen der anläßlich von Jahrestagen geführten Auseinandersetzung mit der Kolonialgeschichte Lateinamerikas fanden sie nur in Form von Fußnoten Beachtung. Wurde der Archipel Gegenstand einer größeren wissenschaftlichen Untersuchung, so blieb dies zumeist ausgerichtet auf den Zweck, die ruhmreichen Taten der Spanier im ausgehenden Mittelalter zu feiern. Zwei Beispiele sollen dies illustrieren.

In ihrem Buch *El Archipiélago Canario y las Indias Occidentales* schreibt Analola Borges, die Kanarischen Inseln seien, als sie der kastilischen Krone einverleibt wurden, "vom Reich der Fabel zur Wahrheit übergegangen, vom Nebel zur südlichen Sonne, von der lokalen Legende zum historischen Faktum, vom sanften Glockengeläut der Dorfkirche zum musikalischen Konzert der großen historischen Schicksale."[1] Joaquín Blanco sekundiert: "Die Kanarischen Inseln hörten auf, Mythos, Legende, Phantasmagorie zu sein und verwandelten sich in Wirklichkeit, geographische und historische Tatsache."[2] In dieser Lesart erscheint die Kolonisation als positiver Prozeß, durch sie seien die "Barbaren"[3] in die universelle Menschheitsgeschichte integriert worden.

Borges und Blanco erweisen sich als gelehrige Adepten der *Hispanidad,* jener offiziellen Staatsdoktrin des Franquismus, derzufolge die eroberten Länder der spanischen Kolonialmacht aufgrund der von ihr geleisteten zivilisatorischen Arbeit zu Dank und Schuldigkeit verpflichtet seien. Ihren institutionellen Ausdruck fand diese Konzeption im *Consejo de la Hispanidad,* einer 1940 geschaffenen, dem Außenministerium unterstellten Behörde, in der offensiv die Vormundschaft über die spanischsprachige Welt propagiert wurde.

Typisch für die Geschichtsschreibung unter Franco war die Verwendung einer

---

1 Analola Borges, *El Archipiélago Canario y las Indias Occidentales*, Madrid, 1969, S. 11.

2 Joaquín Blanco, *Breve noticia histórica de las Islas Canarias*, 2. Aufl., Las Palmas, 1976, S. 23.

3 Borges, *El Archipiélago Canario*, S. 10.

poetisch-verschwommenen Sprache, die für die Apologie spanischer Herrschaft in Dienst genommen wurde. International anerkannte Historiker wie Ballesteros Gaibros verstiegen sich zur Behauptung, "die solide Basis von Forschung und Lehre" würde "verschönt", wenn es einem Autor gelänge, die Geschichte "mit schwärmerischer Lyrik" zu beschreiben.[1] Der als Vorbild apostrophierte Historiker López Herrera beschwört in bewegten Worten die "unlösbaren Bande der Liebe und des Patriotismus", durch die die Inselgruppe der Kanaren "aufs engste" mit dem spanischen Mutterland verbunden sei.[2] Befreit man das von ihm verfaßte Geschichtswerk von seinen lyrischen Beigaben, so enthüllt sich die Mentalität eines Hofschreibers – in nebulösen Formulierungen versteckt sich die Rechtfertigung kolonialer Herrschaft. Die Eroberer werden als Sendboten der Zivilisation gezeichnet, als humane, befreiende Kraft. Daß die Altkanarier im Jahr 1514, 31 Jahre nach der Eroberung Gran Canarias, den Spaniern durch die Urkunde von San Cristóbal gleichgestellt wurden, gilt ihm als Beleg für die "Menschlichkeit", mit der die Vertreter eines "zivilisierten Lebens" den Anhängern "primitiver Gebräuche" gegenübertraten.[3]

In den Jahren der *Transición* begannen einzelne kanarische Wissenschaftler, inspiriert vom demokratischen Aufbruchseifer der Post-Franco-Ära, die politisch-kulturelle Führungsrolle der Zentralregierung infragezustellen. Sie begriffen den Archipel als vernachlässigte Randregion, nicht selten gar als koloniales Anhängsel des spanischen Staates. *Canariedad* lautete das neue Zauberwort: Nicht Spanier wollte man sein, sondern Angehöriger eines eigenständigen Volkes, das um das Jahr 1500 hervorgegangen war aus der Verschmelzung der Altkanarier mit den kastilischen Herren und ihrem aus Andalusiern und Basken, Genuesern und Katalanen, Juden, Mauren und Schwarzafrikanern bestehenden Gefolge. Die altkanarischen Vorfahren rückten als Opfer einer Aggression in den Blick; man sah in ihnen nicht länger primitive Steinzeitmenschen, sondern ein tapferes, drohender Fremdherrschaft sich widersetzendes Volk. Identifikation mit den Opfern verdrängte patriotische Hymnen, in Veröffentlichungen des 1978 gegründeten Zentrums kanarischer Volkskultur wurde die Kritik am Wirken der spanischen Conquistadoren popularisiert.

Zugleich erschien auf dem Buchmarkt eine wahre Flut von heimatkundlichen und sozialpsychologischen Studien, die, wie Martín de Guzmán stolz bekundet, zur "kulturellen Identität der Kanarischen Inseln" erheblich beigetragen haben.[4] Was der Archäologe positiv festschreibt, bedarf der Korrektur. Nahe-

---

1 Manuel Ballesteros Gaibros, "Vorwort", Salvador López Herrera, *Die Kanarischen Inseln: Ein geschichtlicher Überblick*, 3. Aufl., Santa Cruz, 1978, S. 9.

2 López Herrera, *Die Kanarischen Inseln*, S. 185.

3 Ib., S. 179.

4 Celso Martín de Guzmán, "Ultimas tendencias metodológicas de la historiografía canaria", *VII Coloquio de Historia Canario-Americana (1986)*, Bd. 1, Hg. Francisco

zu alle 'identitätsstiftenden' Studien zu Aspekten der kanarischen Geschichte leiden daran, daß der wissenschaftliche Blick insular eingeschränkt ist. Die politischen Realitäten außerhalb des Archipels werden gar nicht oder nur oberflächlich zur Kenntnis genommen; werden sie einer Analyse unterzogen, so nur im Blick auf die Auswirkungen, die sie auf das soziale und wirtschaftliche Leben der Inselbewohner haben.

1982 gelang es der Zentralregierung, die Verfechter der *Canariedad* durch Gewährung eines Autonomiestatuts zu beschwichtigen. Die den Kanariern zugebilligte Unabhängigkeit im Bereich von Kultur und Wissenschaft erlaubte es jungen Akademikern, die Erforschung des *hecho diferencial canario*, der regionalen Besonderheit der Kanarischen Inseln, fortan von der eigenen Provinzregierung finanzieren zu lassen. Der anklagende Gestus erlahmte, kanarische begann sich in spanische Geschichtswissenschaft zu integrieren.

Daß sich *Canariedad* und *Hispanidad* als komplementäre Muster nationalistischer Ideologie eignen, wurde anläßlich der Vorbereitungen zum 500. Jahrestag der Entdeckung Amerikas unter Beweis gestellt. Kanarische Regionalforscher leisteten Interpretationshilfe bei dem Versuch, am Glanz spanischer Kolonialisation zu partizipieren. So betonte Soto Martín die herausragende Rolle, die Kanarier bei der Entdekkung Amerikas gespielt hätten: 1478, heißt es, kamen die Brüder Pinzón de Triana als Konquistadoren nach Gran Canaria, fünf Jahre später wurden sie für ihr militärisches Geschick von der spanischen Krone mit großen Ländereien belohnt. Als Neukanarier beteiligten sie sich 1492 an der Expedition des Kolumbus, und wenn man dessen Bordbuch Glauben schenken darf, so seien sie es gewesen, die als erste den amerikanischen Kontinent erblickt und "Land in Sicht" gemeldet hätten. Soto Martín gibt seinen Landsleuten zu verstehen, sie brauchten bei den Feierlichkeiten zum 500. Jahrestag der Entdeckung Amerikas nicht bescheiden beiseitezustehen, sondern dürften – erfüllt "mit legitimem Stolz" – an den Festen teilhaben.[1]

Noch einen Schritt weiter geht Arbelo Curbelo: *Canarias, preludio de la Hispanidad* lautet sein 1992 verfaßtes Werk, in dem er die Vorreiterrolle des Archipels bei der Ausbreitung des spanischen Kulturguts überschwenglich rühmt. Während der langen Phase der Unterwerfung, so der Autor, hatten die Eroberer Gelegenheit, juristische, politische, militärische und wirtschaftliche Vorgehensweisen zu erproben, die für Spaniens zivilisatorische Mission in der Neuen Welt exemplarischen Charakter trugen.[2]

Mit Gegnern der *Hispanidad* geht der kanarische Professor Pérez Ortega scharf ins Gericht. In seiner 1993 geschriebenen Streitschrift über Fray Bartolomé de Las Casas greift er auf Thesen zurück, die er bereits Jahre zuvor in

---

Morales Padrón, Las Palmas, 1990, S. 150.

1 Justo Soto Martín, "Gran Canaria en la epopeya del Descubrimiento", La Provincia (6. Dezember 1991), S. 2.

2 Vgl. Antonio Arbelo Curbelo, Canarias, preludio de la Hispanidad, Las Palmas, 1992, S. 16.

seinem Buch über die Conquista des Archipels formuliert hat. Er warnt davor, "das Werk der Eroberer zu disqualifizieren" und der "diffamierenden antispanischen Schwarzen Legende" Vorschub zu leisten.[1] Der Autor gibt zu bedenken, daß alle bekanntgewordenen Greueltaten nicht über "normale Episoden in einem Krieg" hinausgingen; Historikern, die negative Randerscheinungen überbewerteten, wirft er vor, sie beschmutzten das eigene Nest und schmälerten damit die Verdienste "unserer glorreichen Geschichte".[2]

Erklärungsmuster geschichtlicher Abläufe

In der kanarischen Historiographie der vergangenen 25 Jahre findet sich eine Reihe wiederkehrender Erklärungsmuster geschichtlicher Entwicklungen. Im folgenden Teil der Arbeit sollen diese thesenhaft vorgestellt und – wo dies nötig erscheint – mit kritischen Fragen konfrontiert werden.

1. These: Geschichte ist das Werk herausragender Persönlichkeiten

Joaquín Blanco interpretiert die Eroberung Fuerteventuras 1402 als das Werk zweier Abenteurer, des "unternehmungslustigen und missionshungrigen" Jean de Béthencourt und eines "Ritters ohne Furcht und Tadel", Gadifer de la Salle.[3] Es soll nicht bezweifelt werden, daß die Entscheidungsbefugnis bei den genannten normannischen Adligen lag – doch wer beschaffte den Proviant, wer hißte die Segel der Schiffe, wer setzte sein Leben aufs Spiel im Kampf gegen die Inselbewohner? Der in Anlehnung an Bertolt Brechts *Fragen eines lesenden Arbeiters* erhobene Einwurf ist Joaquín Blanco keiner Überlegung wert. Und auch auf die nachfolgend aufgeführten Fragen bleibt der Autor die Antwort schuldig: Warum begnügten sich die normannischen Adligen nicht damit, die Altkanarier zu missionieren oder – analog zu früheren Leitern von Expeditionskorps – Sklaven zu rauben, um diese anschließend in Europa gewinnbringend zu verkaufen? Wer finanzierte die Adligen, mit wem gingen sie Bündnisse ein? Waren sie wirklich nur isolierte, 'herausragende' Persönlichkeiten oder repräsentierten sie eine aufgrund ökonomischer Einbußen zur Eroberung geradezu disponierte soziale Gruppe innerhalb des Adels?

Die personalisierende Sichtweise findet sich vor allem in biographischen Werken. So wird die Entdeckung Amerikas von Charles Verlinden als

---

1 Julio Pérez Ortega, *La conquista de Canarias*, Bd. 2, Santa Cruz, 1986, S. 11, ähnlich ders., *Fray Bartolomé de Las Casas y ¿la destrucción de Canarias?*, Santa Cruz, 1993, S. 23; den Begriff 'Schwarze Legende' hatte 1913 der Historiker Julián Juderías geprägt, um den spanischen Staat vor Verunglimpfungen jener Kritiker zu schützen, die den iberischen Kolonialerwerb in betont schwarzen Farben ausmalten; vgl. Juderías, *La leyenda negra y la verdad histórica*, Madrid 1913.

2 Pérez Ortega, *La conquista*, S. 209.

3 Blanco, *Breve noticia*, S. 48.

heroische Tat eines Einzelnen gefeiert: Kolumbus sei ein "Genie" gewesen, das sich mit "übermenschlicher Kraft an eine falsche, aber fruchtbringende Idee klammerte".[1] Daß Biographien sich nicht unbedingt der personalisierenden Sichtweise bedienen müssen, beweist die Kolumbus-Studie von Fernández-Armesto, in der Kolumbus im Kontext der blühenden Handelsstadt Genua dargestellt wird.[2] Wäre Kolumbus von seiner Fahrt nicht zurückgekehrt, so verdeutlicht der Autor, hätten kurze Zeit später andere westeuropäische Seefahrer Amerika entdeckt.

2. These: Religiöse Ideen bestimmen den Lauf der Geschichte

Oft sind es religiöse Ideen, die als entscheidende Wegbereiter der Geschichte definiert werden. So verdankt sich die Eroberung der Kanarischen Inseln laut Suárez-Fernández dem christlichen Missionseifer[3] laut Ricardo de la Cierva dem anti-islamischen Kreuzzugsgedanken.[4] Beide Autoren richten ihren Blick gebannt auf die im 15. Jahrhundert zum Abschluß gebrachte Reconquista, dank derer sich die Iberische Halbinsel zum ersten Mal seit 711 n.Chr. wieder rein christlich nennen durfte. Mit der anstehenden Eroberung Granadas, so argumentiert Ricardo de la Cierva, war die moslemische Gefahr noch nicht endgültig beseitigt, darum war es erforderlich, die Politik des anti-islamischen Kampfes über Spaniens Grenzen hinauszutreiben: "Und es war nötig, die gegenüberliegende Küste zu beherrschen, um die eigene zu sichern." Dem Kanarischen Archipel sei damit die Aufgabe zugekommen, Flankenschutz zu leisten bei der geplanten Eroberung nordafrikanischen Territoriums.[5]

Läßt sich Geschichte reduzieren auf die Auseinandersetzung konkurrierender religiöser Ideen? Bereits 1566 sprach Fray Bartolomé de Las Casas den Verdacht aus, die Christianisierung der Heiden sei kaum mehr als eine nützliche Rechtfertigung für die Ausplünderung der auf ihrem Boden befindlichen Naturschätze.[6] Wo die Befreiung fremder Seelen in Aussicht gestellt ist, greifen die Untertanen zum Schwert und fragen nicht nach Sinn und Zweck ihres Einsatzes – besonders dann, wenn sie gut dafür bezahlt werden.

---

1 Charles Verlinden / Florentino Pérez-Embid, *Cristóbal Colón y el descubrimiento de América*, Madrid, 1967, S. 181f.; Genua warb 1990 für eine internationale Seefahrtsausstellung mit den Worten, die Entdeckung der neuen Welt sei "das Ergebnis eines eisernen Willens" gewesen, "gepaart mit einem großen Geist, der seiner Zeit weit voraus war"; vgl. *Frankfurter Allgemeine Zeitung* (18. Oktober 1990), S. 8.

2 Vgl. Felipe Fernández-Armesto, *Columbus*, Oxford, 1992.

3 Vgl. Luis Suárez-Fernández, "La España que descubrió América", *Atlántida*, Nr. 12 (1992), S. 34f.

4 Vgl. Ricardo de la Cierva, *Historia general de España*, Bd. 5: *Los Reyes Católicos y la España Imperial*, Madrid, 1981, S. 65.

5 Ib.

6 Vgl. Las Casas, *Brevísima relación*, S. 203.

Die Mauren widersetzten sich der Befreiung ihrer Seelen durch Christen, taugten deshalb nur zur Vertreibung und Versklavung. Der Kampf gegen das feindliche Credo der Mauren war nach Meinung des kanarischen Historikers Rumeu de Armas Existenzgrundlage des kastilischen Staates.[1] Ende des 16. Jahrhunderts habe sich dieser abermals des Angriffs einer feindlichen Religionsgemeinschaft erwehren müssen: Protestanten starteten eine gegen das katholische Königshaus gerichtete Verschwörung.[2] Vom Kampf um verstärkten Zugriff Spaniens und Englands auf überseeische Ressourcen erfährt der Leser nichts. Für Rumeu de Armas basieren militärische Auseinandersetzungen nicht auf widerstreitenden materiellen Interessen, sondern auf unterschiedlichen geistigen bzw. geistlichen Anschauungen.

3.These: Die Suche nach dem verlorenen Paradies ist Motor geschichtlichen Fortschritts

Zu Beginn des 14. Jahrhunderts war Lancelotto Malocello nach den Worten des Historikers Manfred Kossok vom Gedanken inspiriert, die 'Glücksinseln' zu finden; er habe sich damit in die Tradition vorangegangener Bemühungen gestellt, "auf der Suche nach jenen magischen Inseln über Gibraltar in den Atlantik vorzustoßen."[3] Der Mythos vom verlorenen Paradies gilt auch Michel Mollat du Jourdin als entscheidende Antriebskraft für die Entdeckung neuer Länder. Im 14. Jahrhundert habe er den kastilischen König Heinrich III., im 15. Jahrhundert die Adligen Jean de Béthencourt und Gadifer de la Salle zur Eroberung der Kanarischen Inseln bewogen.[4] Bei Kolumbus, der davon "besessen" gewesen sei, auf seiner Fahrt gen Westen einen Beweis für die reale Existenz eines "Paradieses" zu erbringen, war nach Ansicht von Martínez Hernández derselbe Mythos am Werk – allerdings bereits konvertiert in eine christliche Vorstellung vom "biblischen Paradies".[5]

Es mag zutreffen, daß die Teilnehmer der Expeditionen und auch ihre Auftraggeber von 'Glücklichen Inseln' und der Wiederentdeckung des verlorenen Paradieses träumten. Doch zumindest letztere, die oft auch die Fahrten finan-

1 Vgl. Antonio Rumeu de Armas, "La expansión europea en África: La rivalidad hispano-lusa por el dominio político del Continente", *VII Jornadas de Estudios Canarias-America: Canarias y América ante el Descubrimiento: La expansión europea*, Hg. Fernando Clavijo Hernández, Santa Cruz, 1985, S. 245.

2 Rumeu de Armas, *Canarias y el Atlántico: Piraterías y ataques navales*, Bd. 2, Las Palmas / Santa Cruz 1991, S. 7.

3 Manfred Kossok, *1492: Die Welt an der Schwelle der Neuzeit*, Leipzig, 1992, S. 79.

4 Vgl. Michel Mollat du Jourdin, *Europa und das Meer*, München, 1993, S. 246.

5 Marcos Martínez Hernández, *Canarias en la mitología: Historia mítica del Archipiélago*, Santa Cruz, 1992, S. 16; seine These untestützt Ludwig Schrader, "Kolumbus: seine Vorbereiter, seine Fahrten, seine Berichte", *Reisen in reale und mythische Ferne: Reiseliteratur in Mittelalter und Renaissance*, Hg. Peter Wunderle, Düsseldorf, 1993, S. 247.

zierten, verbanden damit ein weiterreichendes Ziel: es galt, sich der möglichen Reichtümer im fremden Land zu bemächtigen.

4. These: Der Traum von einer befreiten Erotik stimuliert das Ausgreifen in ferne Länder

Chronisten wußten Aufregendes von der Atlantikinsel zu berichten: "Vollkommen nackt" gingen die Jungfrauen einher, es ergriffe sie dabei "überhaupt kein Schamgefühl".[1] Die Männer dürften das Leben in vollen Zügen genießen. "Frauen waren quasi Gemeineigentum; besuchten die Inselbewohner einander, so boten sie den Gästen ihre Frauen an, um ihnen ein Fest zu bereiten; (...) ihre ganze Zeit verbrachten sie mit Gesang, Tanz und Gebrauch der Frauen."[2]

Der postmoderne Diskurs hat auf dem Archipel noch keine Wurzeln geschlagen. Obwohl die Chronisten das erotische Motiv in ihren Ausführungen an augenfälliger Stelle plazierten, ließen sich kanarische Kulturwissenschaftler nicht dazu verleiten, die Suche nach befreiter Erotik als Triebfeder der Expansion anzusehen. In Deutschland und Italien hat man derlei Hemmnisse bereits überwunden. Hier darf das Verlangen der Eroberer, die europäische Sexualität abzustreifen, unbedenklich als Motiv für die Eroberung Amerikas behauptet werden.[3]

5. These: Geschichte ist das Resultat des Kampfes überlegener und minderwertiger Rassen

Den Untersuchungen der von kanarischen Anthropologen und Ethnologen hochgeschätzten Ilse Schwidetzky liegt die Unterscheidung zwischen fortschrittlichen und primitiven Völkern, überlegenen und minderwertigen Rassen zugrunde. Für die Autorin ist Geschichte genetisch determiniert: die vermeintlich auserwählten Völker sind die Protagonisten des Geschichtsprozesses, während die Primitiven sich fatalistisch mit ihrer Objektrolle zu bescheiden, möglicherweise von der geschichtlichen Bühne abzutreten haben.[4] Auf Gran Canaria entdeckte Schwidetzky zwei rassische Typen inner-

---

1 "Die Fahrt des Niccoloso da Recco zu den Kanarischen Inseln (1341)", *Dokumente zur Geschichte der europäischen Expansion*, Bd. 1, S. 53.

2 Las Casas, *Brevísima relación*, S. 231.

3 Vgl. etwa Ronald Daus, *Die Erfindung des Kolonialismus*, Wuppertal, 1983, S. 228ff. und Ruggiero Romano / Alberto Tenenti, *Die Grundlegung der modernen Welt: Spätmittelalter, Renaissance, Reformation* (Fischer Weltgeschichte Bd. 12), Frankfurt, 1984, S. 211.

4 Vgl. Ilse Schwidetzky, *Die vorspanische Bevölkerung der Kanarischen Inseln*, Göttingen, 1963, S. 111.

halb der Gruppe der Altkanarier: die Cromagnoiden und die Mediterranen. Erstere zeichneten sich der Autorin zufolge durch gedrungenen Körperbau und ein breitflächiges Gesicht aus. Sie hausten in Höhlen und beschränkten sich darauf, einfache Tongegenstände herzustellen. Anders die Mediterranen: sie waren laut Schwidetzky nicht nur optisch attraktiver, sondern auch mental höher entwickelt, lebten in Steinhäusern und produzierten formenreiche Keramik. Im Raumkampf der Rassen sei es den Mediterranen gelungen, die Cromagnoiden in die trockenen Bergregionen abzudrängen und sich in den fruchtbaren nördlichen Küstenzonen anzusiedeln. Ihrer unter Beweis gestellten physischen und mentalen Überlegenheit, so führt die Autorin aus, verdankten die Mediterranen den Aufstieg in privilegierte Positionen innerhalb der altkanarischen Gesellschaft.[1]

Solange Schwidetzky nur unterschiedliche rassische Merkmale konstatiert, darf ihre Geschichtsinterpretation nicht selber rassistisch genannt werden.[2] Diese Wertung ist erst dann angezeigt, wenn die Autorin aus natürlichen auf gesellschaftliche Differenzen schließt, eine Hierarchisierung von Rassen gemäß den ihnen eingeschriebenen genetischen Attributen vornimmt. Die in der *Neuen Rassenkunde* gestellte Frage, ob "die morphologisch primitiveren Träger kulturell primitiverer Bevölkerungen verdrängt und ausgemerzt" worden seien, ob sich also eine "interkollektive Selektion" vollzogen habe[3] wird von Schwidetzky bezüglich der prähispanischen Bewohner Gran Canarias bejaht.

6. These: Technik determiniert den geschichtlichen Prozeß

Einziger Grund, den Pérez Ortega für die überseeische Expansion Spaniens angibt, ist die Existenz neuer, im 14. Jahrhundert entwickelter nautischer Instrumente. Zufällige technische Neuerungen, schreibt er, hätten sich als Triebkraft der Geschichte erwiesen; Astrolabium, Kompaß und präzise Kartographie hätten den entscheidenden Impuls geliefert "für die Expansionsfahrten zu den Kanarischen Inseln und zwei Jahrhunderte später für die Entdeckung Amerikas."[4]

Die vom Autor behauptete Häufung technisch-nautischer Erfindungen im 13.

1 Ib., S. 119; die Bezeichnung Guanchen, die ursprünglich den auf Teneriffa vorherrschenden Cromagnoiden vorbehalten war, wird heute vielfach als Synonym für alle prähispanischen Bewohner des Archipels verwandt.

2 Dieser auf unzulässiger Verkürzung basierende Vorwurf findet sich bei Antonio Tejera Gaspar / Rafael Gonzalez Antón, *Las culturas aborígenes canarias,* Santa Cruz, 1987, S. 27.

3 Ilse Schwidetzky, "Neuere Entwicklungen in der Rassenkunde", *Die neue Rassenkunde*, Hg. Ilse Schwidetzky, Stuttgart, 1962, S. 127f.

4 Pérez Ortega, *La conquista*, S. 31.

und 14. Jahrhundert war nicht dem Zufall geschuldet, sondern verdankte sich dem Bemühen europäischer Kaufleute jener Zeit, neue Handelsrouten zu erschließen. Ab der zweiten Hälfte des 13. Jahrhunderts wußten Genueser und Venezianer um die Gefährdung des Orienthandels: Osmanen drangen in Richtung Bosporus vor, islamische Mamelucken besetzten strategisch wichtige Positionen in der Levante. Der Plan, Afrika zu umschiffen und so die Schätze Indiens und Chinas direkt zu erreichen, war freilich mit Schiffen, wie sie bisher im Mittelmeer zum Einsatz gekommen waren, nicht realisierbar. Der Atlantik stellte höhere Anforderungen an Schiffahrt und Technik – dies wußten die Genueser bereits, seit sie über Portugals Küsten Vorstöße nach Flandern und England unternommen hatten.

Was nur eine Bedingung für Expansion ist, darf nicht zur Ursache uminterpretiert werden. Es ist richtig festzuhalten, daß es ohne technische Erfindungen kein Ausgreifen nach Übersee hat geben können, doch ursächlicher Auslöser für die Entdeckungen waren die Neuerungen nicht. Technik determiniert nicht geschichtliche Abläufe und hat den Spaniern auch nicht, wie der Autor suggeriert, den Weg der Eroberung quasi schicksalhaft vorgezeichnet. Auf die Frage, weshalb die Neuerungen, die bald sämtlichen europäischen Seefahrernationen zur Verfügung standen, ausgerechnet von Spanien und Portugal für Eroberungszwecke nutzbar gemacht wurden, erhält der Leser keine Antwort. Bedauerlich ist auch, daß der Autor keinen Vergleich zwischen der Entwicklung in den Ländern Europas und Asiens anstellt. Vor allem von China ist bekannt, daß es bis zu Beginn des 15. Jahrhunderts über eine hochentwickelte Technologie vor allem im nautischen Bereich verfügte[1] ohne daraus notwendig ein Interesse an der Eroberung neuer Welten abzuleiten.

7. These: Geschichte ist nicht erklärbar ohne Rekurs auf Ökonomie

In seinem Buch *Los grandes descubrimientos* nennt Zaragoza ökonomische Gründe, die in europäischen Kaufleuten und Adelsvertretern den Wunsch weckten, die Kanarischen Inseln zu erobern. Zuerst, schreibt er, sei man eher zufällig auf den Archipel gestoßen – Resultat des Bemühens, auf der Suche nach profitabler Abwicklung des Orienthandels "andere Versorgungsrouten auszuprobieren".[2] Später jedoch, als sich die Königshäuser Kastiliens und Portugals einschalteten, sei ein weiteres Motiv hinzugetreten: Würden die Inseln erobert, so könnten von dort aus die Goldquellen Afrikas kontrolliert und die Reconquista auf afrikanisches Territorium ausgedehnt werden.[3]

---

1 Vgl. Kossok, *1492*, S. 14–16.
2 Gonzalo Zaragoza, *Los grandes descubrimientos*, 3. Aufl., Madrid, 1990, S. 10.
3 Ib., S. 15; ähnlich José Jiménez González, "La conquista realenga", *Historia de Canarias*, Bd. 1, Hg. Eduardo Aznar Vallejo, Las Palmas, 1992, S. 165.

An Zaragoza sind mehrere Fragen zu richten: Warum glaubte man im 14. Jahrhundert, den Gewürzhandel nicht länger über die traditionellen Handelsrouten abwickeln zu können? Warum untersucht der Autor in diesem Zusammenhang nicht die sich verändernde Kräftekonstellation zwischen Orient und Okzident? Warum spricht er allgemein von "europäischen Kaufleuten" und differenziert nicht bezüglich nationaler Provenienz und je spezifischer Interessenlage? Warum zeigten sich die Herrscherhäuser gerade im 15. Jahrhundert interessiert an der Erschließung neuer Goldvorräte?

Von Romano / Tenenti wird das kastilische Ausgreifen nach Nordafrika und auf die Atlantikinseln auf Knappheit an Geld und Getreide zurückgeführt. Aufgrund der beherrschenden Stellung der *Mesta*, der Genossenschaft der Schafherdenbesitzer, seien die Weideflächen gegen Ende des 15. Jahrhunderts so stark auf Kosten von Agrarland ausgedehnt worden, daß sich die Weizenversorgung Kastiliens "zu einem der größten Probleme für die Katholischen Könige" entwickelt habe; die Suche nach neuen Anbaugebieten habe alsbald die Eroberung der Kanarischen Inseln auf die politische Agenda gesetzt.[1]

Von Zaragoza ebenso wie von Romano / Tenenti werden ökonomische Gründe angeführt, die sich schwerlich bestreiten lassen: Suche nach einer geeigneten Gewürzroute, Streben nach Gold, Gewinnung neuer Anbauflächen. Kritik aber ist daran zu üben, daß die Autoren diese Gründe verabsolutieren und von anderen, die Expansion fördernden Faktoren abtrennen.

8. These: Geschichte ist die Resultante einer Vielzahl von Faktoren

Die Anwälte dieser These plädieren für eine Ausweitung des historiographischen Blickes. Hierbei sind verschiedene Varianten zu unterscheiden. So setzt sich die Forschergruppe um Suárez Acosta dafür ein, bei der Analyse iberischer Expansion nicht nur ökonomische, sondern auch demographische und klimatologische Faktoren zu untersuchen.[2] Den juristisch-administrativen Rahmen, innerhalb dessen sich ein historischer Prozeß vollzieht, will Aznar Vallejo in die Analyse einbezogen wissen; er widmet sich dem Studium von Archivmaterial, sichtet königliche Erlasse und kirchliche Verfügungen, notarielle Dokumente und lokale Verordnungen.[3]

Andere Autoren, die sich dabei nicht selten auf Bloch, Febvre und Braudel berufen, rücken kollektive Einstellungen und Mentalitäten ins Zentrum ihrer Untersuchung. Reyes González und Sánchez Jiménez warten mit dem Ver-

1 Romano / Tenenti, *Die Grundlegung der modernen Welt*, S. 23.
2 Vgl. José Suárez Acosta u.a., *Conquista y colonización*, Santa Cruz, 1988, S. 10ff.
3 Vgl. Eduardo Aznar Vallejo, *La integración de las Islas Canarias en la Corona de Castilla (1478–1526): Aspectos administrativos, sociales y económicos*, 2. Aufl., Las Palmas, 1992.

sprechen auf, sie wollten soziale Umgangsformen, Denk- und Verhaltensweisen als "durch die jeweilige ökonomische Struktur vermittelt" aufzeigen. Diesem Anspruch werden sie allerdings an keiner Stelle ihres Aufsatzes gerecht. Anstatt zu analysieren, wie eine bestimmte Wirtschaftsordnung auf das Verhalten von Menschen einwirkt, werden umgekehrt spezifische, von den Autoren ausgewählte Charaktereigenschaften als Beweis für die Existenz jener behauptet. Stoßen etwa die Autoren in schriftlichen Zeugnissen des 16. Jahrhunderts auf Eigenschaften wie Unternehmensgeist und Leistungswillen, so glauben sie unmittelbar auf die Existenz der kapitalistischen Produktionsweise (kurz-)schließen zu können.[1]

Ins Reich der Mentalitäten greift auch Martín de Guzmán aus – und verliert sich auf der Stelle in Beliebigkeit. Geschichte interpretiert er als die Summe aller möglichen Geschichten, als die Gesamtheit aller Haltungen und Einstellungen aus der Zeit des Gestern, des Heute und des Morgen – mit dem Verweis auf das Morgen die Vorläufigkeit des wissenschaftlichen Ergebnisses unterstreichend. Der Autor will sich nicht beschränken auf nur eine, die historische, philosophische oder ökonomische Sichtweise, sondern will alle erdenklichen Fragestellungen einbeziehen, die ein buntes, umfassendes Kaleidoskop von Antworten provozieren.[2]

Morales Lezcano schließlich, ein weiterer Verfechter des pluralen Ansatzes, möchte darlegen, wie die Menschen einer jeweiligen Epoche auf die vorgefundene vielfältige Wirklichkeit reagieren, in welcher Weise sie diese reproduzieren und verändern. Sein Ansatz reduziert sich freilich auf eine nur je weitere Spielart des Idealismus, wenn er die sich in fortschreitender Zeit wandelnden Sitten und Bräuche, Wertvorstellungen und Mentalitäten zum bestimmenden Movens der Geschichte erhebt. Zuweilen gerinnt sein Fazit zur Platitüde: "Wenn sich die Sitten im Laufe der Zeit wandeln, bleibt davon die internationale Kommunikation zwischen den Völkern nicht unberührt. Diese Veränderungen führen zu einem Wechsel in der Struktur der Beziehungen zwischen den Völkern."[3]

Die Vielfalt der Fragestellungen mag zwar herausführen aus den Beschrän-

---

1 Vgl. Nicolás Reyes González / Carmen Sánchez Jiménez, "La burguesía canaria: Una aportación metodológica para su estudio histórico", *Serta Gratulatoria in honorem Juan Régulo: III Geografía e Historia*, Hg. José Luis Melena Jiménez, La Laguna, 1988, S. 762f.

2 Martín de Guzmán, "Ultimas tendencias metodológicas", S. 214. Resignativ deutet Rojas Donat die Vielzahl der Interessen, mit denen der Historiker konfrontiert sei, als "unentwirrbares Amalgam"; vgl. Luis Rojas Donat, "Posesión de territorios de infieles durante el siglo XV: Las Canarias y las Indias", *X Coloquio de Historia Canario-Americana (1992)*, Bd. 1, Hg. Francisco Morales Padrón, Las Palmas, 1994, S. 122.

3 Victor Morales Lezcano, *Los ingleses en Canarias*, Las Palmas, 1992, S. 27.

kungen des Historizismus und Positivismus, doch sie bewahrt nicht vor Fehlschlüssen. Die Vertreter des pluralen Ansatzes sind zu fragen: Wird der Charakter eines spezifischen Ereignisses, einer Bewegung oder einer Epoche dadurch wissenschaftlich erklärt, daß Hinweise und Gründe in großer Zahl, doch beliebig aneinandergereiht werden? Wo ist der gesellschaftliche Gesamtzusammenhang aufgezeigt, in den diese zu stellen sind?

II. Die Alte Welt im 13. und 14. Jahrhundert: Einbeziehung der Kanarischen Inseln in die Dynamik ökonomischer Expansion

Entwicklung des Seehandels

Seit dem 9. Jahrhundert waren Venedig und Amalfi, seit dem 10. Jahrhundert auch Genua am lukrativen Mittelmeerhandel des Byzantinischen Reiches beteiligt.[1] Aus dem Orient bezogen die italienischen Kaufleute Perlen und Seide, vor allem aber exotische Spezereien zwecks Veredelung von Speisen und Getränken; im Gegenzug lieferten sie Sklaven, Holz, Eisen und Salz. Der Fernhandel verdankte seine Existenz dem Bedürfnis des Adels nach einem genußvollen Lebensstil. Im feudalen, auf persönlicher Herrschaft der Fürsten gegründeten Gesellschaftssystem demonstrierte der Konsum von Luxusgütern zugleich Überlegenheit gegenüber rivalisierenden Adligen und unterstrich politischen Führungsanspruch.

Schaltstellen des Orienthandels waren die Städte Malakka, Homruz und Aden, von denen es hieß, "Herr der Welt" dürfe sich nennen, wer sie besitze.[2] Arabische Kaufleute brachten die Spezereien über Homruz und den Persischen Golf zur Mündung des Euphrat oder wählten Aden als Zwischenstopp und transportierten die Waren über das Rote Meer nach Alexandria. Eine weitere Handelsroute nahm in Nordwestindien ihren Ausgang und führte über Kabul und das Kaspische Tor nach Babylon; von dort wurden die Waren gleichfalls ins ägyptische Alexandria oder nach Antiochia im Byzantinischen Reich transportiert, von wo sie italienische Kaufleute per Schiff nach Norditalien brachten. Chinesische Produkte gelangten über die sogenannte Seidenstraße nach Europa; diese führte von Peking über Kaschgar nach Bagdad und von dort auf dem Euphrat zu den Mittelmeerhäfen.[3]

Aufgrund verschärfter Auseinandersetzungen zwischen Christen und Moslems im Mittelmeerraum wurden die italienischen Handelsschiffe im 11. Jahrhundert in Kriegsschiffe umgerüstet. Als ab 1096 unter päpstlicher Schirmherrschaft eine militärische Expansionsbewegung nach Palästina einsetzte, profitierten italienische Kaufleute vom Truppentransport der Kreuzzügler ins Heilige Land. Genueser und Venezianer ließen sich die Überfahrt teuer bezahlen, wurden überdies mit weitreichenden Handelspriviegien aus-

---

1 Zum Aufstieg der italienischen Stadtstaaten vgl. Eric R. Wolf, *Die Völker ohne Geschichte: Europa und die andere Welt seit 1400*, Frankfurt / New York 1991, S. 156–170.

2 Vgl. Heinrich Loth, *Afrika: Ein Zentrum der Alten Welt*, Berlin, 1990, S. 86.

3 Vgl. ib. S. 11.

gestattet. 'Lateinische' Königreiche entstanden in Jerusalem (1099), Konstantinopel und Thessaloniki (1204), in ihrem Schutz etablierten italienische Kaufleute zahlreiche koloniale Enklaven. Das Netz ihrer Stützpunkte erstreckte sich von Alexandria über die Küstenorte Palästinas und Griechenlands bis zum Bosporus und dem Schwarzen Meer.

Vor allem in ihren palästinensischen Besitzungen gingen sie ab dem 12. Jahrhundert dazu über, das begehrte Zuckerrohr, das hier bereits seit dem 10. Jahrhundert bekannt war, mit Hilfe von Leibeigenen und Sklaven auf großen Plantagen zu kultivieren. Sie waren es auch, die anschließend das verarbeitete Produkt nach Süd- und Westeuropa verschifften. Den höchsten Gewinn freilich erzielten sie aus dem Weitertransport der Spezereien, die aus dem Orient auf Karawanenwegen in Palästina eintrafen.[1] Dies gilt insbesondere für das 13. Jahrhundert, als die *Pax Mongolica* eine ungestörte Abwicklung des Fernhandels erlaubte. Das Reich der Mongolen erstreckte sich vom Ostchinesischen Meer bis nach Südrußland, 1258 eroberten sie auch das abbasidische Kalifat von Bagdad. Die Handelswege nach Asien galten in jener Zeit gleichwohl als sicher und für Kaufleute passierbar. 1271 reiste der Venezianer Marco Polo auf dem Landweg nach China; er trat in den Dienst des Großkhans Kublai und rückte in den Rang eines bedeutenden Stadtgouverneurs auf.[2]

Auf der Iberischen Halbinsel hatten sich derweil italienische Kaufleute, insbesondere Genueser, zentrale Einflußsphären gesichert. Ab 1149 waren sie in den maurischen Städten Valencia und Sevilla präsent, wo ihnen Handelsfreiheit vertraglich zugesichert war. In Barcelona teilten sie sich mit Kaufleuten aus Pisa den regionalen Markt, von hier griffen sie über die berühmte Pilgerstraße bis nach Galicien aus. Als es 1229 dem Königreich Aragón gelang, die Moslems von Mallorca zu vertreiben, waren italienische Kaufleute die ersten, die auch auf der Baleareninsel Lager und Warenhäuser errichteten.

Sofern die Kasse stimmte, war es den Genuesern gleichgültig, wem die Stadt, in der sie ihre Geschäfte tätigten, politisch unterstand. Ein gutes Beispiel hierfür bietet Sevilla. Bis 1248 war die Stadt maurisch und ein Zentrum genuesischer Handelsaktivitäten. Danach wurde Sevilla kastilischer Macht unterstellt – aber nur drei Jahre sollte es dauern, bis sich die dort ansässigen Genueser abermals königlicher Handelsprivilegien erfreuten.[3] Sie lebten for-

---

1 Vgl. "Wirtschaftliche und soziale Kräfte der frühen europäischen Expansion", *Dokumente zur Geschichte der europäischen Expansion*, Bd. 1, S. 139f.

2 24 Jahre später kehrte er über den Indischen Ozean und den Persischen Golf in die Lagunenstadt zurück; sein Bericht *Il Milione* (Buch der Wunder), im Abendland fast ebenso beliebt wie der Alexanderroman, beeinflußte nachhaltig die Vorstellung der Europäer vom reichen Orient, beflügelte die Entdeckerphantasien von Heinrich dem Seefahrer und Kolumbus; vgl. Eberhard Schmitt, *Die Anfänge der europäischen Expansion*, Idstein, 1991, S. 23.

3 Vgl. "Privileg Fernandos III. von Kastilien für die genuesische Kolonie in Sevilla vom

tan in einem separaten Viertel und genossen weitreichende Autonomie, betätigten sich als Finanziers und investierten in die städtische Verwaltung.

In den nachfolgenden Jahrzehnten dehnte sich der Aktionsradius der italienischen Kaufleute über Kastilien und Portugal bis nach Nordwesteuropa aus. Auf technisch verbesserten, den atlantischen Unbillen angepaßten Schiffen unterhielten sie regelmäßige Verbindungen zu den Küstenstädten Flanderns und Englands. Bald verfügten sie in allen wichtigen europäischen Städten über Handelsniederlassungen, es lebten hier Angehörige der Kaufmannsfamilien, Techniker und Kartographen. Die Ausweitung des Handels förderte die Verfeinerung kommerzieller Techniken: italienische Kaufleute führten Wechselbrief und Kreditsystem ein, gründeten Banken, Postagenturen und Konsulate.[1]

Selbst im östlichen Mittelmeerraum, in dem Venedig lange Zeit bestimmend war, konnte sich Genua vorübergehend als wichtigste Handelsmacht profilieren. 1261 unterstützte es den byzantinischen Kaiser in seinem Bestreben, das mit Venedig verbündete Lateinische Reich aus Konstantinopel zu verdrängen. Für ihr Engagement wurden die Genueser reich belohnt: sie erhielten das Recht, fortan als einzige ausländische Macht die Meerenge des Bosporus passieren zu dürfen und wurden von sämtlichen Zoll- und Handelsabgaben befreit. An den Küsten des Schwarzen Meeres gründeten sie Kolonien, als deren wichtigste die auf der Krim gelegene Stadt Kaffa galt, ein Zentrum des Sklavenhandels.

Der lukrative Fernhandel zwischen Orient und Okzident schien jedoch langfristig gefährdet. Die Osmanen, türkische Stämme aus Nordwestanatolien, wurden zunehmend stärker und okkupierten strategisch wichtige Positionen unweit des Bosporus. Moslemische Mamelucken usurpierten 1291 die Stadt Akkon, die letzte aus der Zeit der Kreuzzüge verbliebene christliche Bastion, und sperrten – zumindest zeitweilig – den Warenzufluß über Syrien und Palästina. In Alexandria erhoben islamische Kaufleute Schutzrenten und erhöhten die Preise für die zum Weiterverkauf in westliche Länder bestimmte Spezereien.[2]

Da man befürchten mußte, daß bei weiterer Schwächung des Byzantinischen Reiches eines Tages auch der Zugang über das Schwarze Meer blockiert würde, bestand bei den Europäern Grund zur Unruhe. Kaufleuten schien es geraten,

---

12. Mai 1251", *Dokumente zur Geschichte der europäischen Expansion*, Bd. 1, S. 149–152; die guten Beziehungen Genuas zum maurischen Königreich Granada brauchten deshalb nicht eingeschränkt zu werden, vgl. dazu Olivia Remie Constable, *Trade and Traders in Muslim Spain: The Commercial Realignment of the Iberian Peninsula 900–1500*, Cambridge, 1994, S. 249.

1 Vgl. Jacques Le Goff, *Kaufleute und Bankiers im Mittelalter*, Frankfurt / New York, 1993, S. 29–35.

2 Vgl. Eberhard Schmitt, *Die Anfänge der europäischen Expansion*, S. 20.

Alternativen für die traditionelle Handels- und Gewürzroute ins Auge zu fassen. Dabei bot sich den weitsichtigen Strategen vor allem eine Möglichkeit, die islamischen Zwischenhändler zu umgehen. Dominierten diese den Landweg, so mußte man versuchen, auf dem atlantischen Seeweg an die Quellen des Reichtums in China und Indien zu gelangen.

Atlantikexpeditionen ab 1291

1. Genua

Die Schiffspassage entlang der afrikanischen Küste sollte ins gelobte Land Indien führen, verhieß aber noch zusätzliche Vorteile. Schon früh hatten die Genueser darauf spekuliert, jenes Gold, das von arabischen Händlern von den Minen Westafrikas über die Sahara nach Ceuta transportiert wurde, direkt von den westafrikanischen Reichen Mali, Futa-Djalon, Ghana und Tekru-Futa-Toro beziehen zu können. Die Handelsstützpunkte, über die Genua an der marokkanischen Küste bereits verfügte, waren für diese Aufgabe nicht tauglich; der italienische Stadtstaat mußte deshalb am Erwerb weiter südlich gelegener Enklaven interessiert sein. Allerdings waren die dafür benötigten geographischen Kenntnisse unvollkommen, und selbst die *Insulae Fortunatae* blieben der Mythologie verhaftet. Weil man aber sicher war, daß die überlieferten Erzählungen mehr waren als eine bloße Ausgeburt der Phantasie, wurde der unbekannte Archipel in die Planung der Passage einbezogen, verhieß er doch die Schaffung einer sichereren Bastion als Ausgangspunkt für zukünftige Entdeckungen und Eroberungen.

Die Annalen der Stadt Genua geben 1291 Kunde von einer Expeditionsfahrt, die als erster europäischer Versuch gelten darf, Indien auf dem Seeweg zu erreichen:

> In demselben Jahr schickten sich Tedisio Doria, Ugolino Vivaldi und dessen Bruder zusammen mit einigen anderen Bürgern (der Stadt) Genua an, eine Fahrt zu unternehmen, wie sie bis dahin noch kein anderer gewagt hatte: sie rüsteten nämlich zwei Galeeren aufs trefflichste aus, versahen sie mit Proviant, Wasser und sonstigem Bedarf und sandten sie im Monat Mai in Richtung der Meerenge von Ceuta aus, damit sie durch den Ozean nach den Gestaden Indiens führen, um von dort gewinnversprechende Handelsgüter zu holen.[1]

Durch Quellen ist belegt, daß sie noch im gleichen Jahr das Kap Juby an der marokkanischen Küste erreichten. Es liegt nördlich vom Kap Bojador, direkt gegenüber der Kanareninsel Fuerteventura. Über das weitere Schicksal der Seeleute schweigen sich die Dokumente aus. Einige Historiker vermuten, sie seien Opfer des kastilisch-marokkanischen Krieges geworden, andere verstei-

1 "Auszug aus den Annalen der Seestadt Genua", *Dokumente zur Geschichte der europäischen Expansion*, Bd. 1, S. 43f.

gen sich zur These, die Seefahrer seien zum Kanarischen Archipel, vielleicht auch bis nach Ostafrika vorgestoßen.[1]

Wenn Genua in der Folge keine weiteren eigenen Erkundungs- und Eroberungsfahrten unternahm, so ist hieraus nicht auf Machtverlust zu schließen. Es trat allerdings eine merkliche Interessensverlagerung ein. Angesichts der wachsenden Unsicherheit in der Levante zog Genua große Teile seines Kapitals aus den Stützpunkten am Schwarzen Meer ab und reinvestierte sie auf der Iberischen Halbinsel. Dort wurde ihr Einfluß bald so bestimmend, daß Manfred Kossok eine "'Genuisierung' der südspanischen und portugiesischen Küstenstädte"[2] glaubt diagnostizieren zu können. Fernández-Armesto geht gar so weit, die beherrschende Stellung der Genueser in den Ökonomien der iberischen Reiche als "versteckte Form des Kolonialismus" zu brandmarken.[3] Seit dem genuesischen Geschlecht der Pessagno vom portugiesischen König das erbliche Recht auf den Admiralstitel zugestanden wurde (1317), übten Genueser den Oberbefehl über die königlich-portugiesische Flotte aus, finanzierten atlantische Erkundungsfahrten und stellten einen Teil der Schiffsbesatzung. So geschah es auch 1336, als die Pessagnos den genuesischen Landsmann Lancelotto Malocello mit der Aufgabe betreuten, die nordwestafrikanische Küste zu erkunden.[4] Drei Jahre später wurde der Erfolg dieser Fahrt auf der Landkarte des Mallorquiners Angelino Dulcert dokumentiert. Die am weitesten im Osten gelegene Insel des Archipels wurde unter genuesischem Wappen als *Insula de Lanzarotus Marocelus* eingetragen; die Nachbarinsel wurde gleichfalls vermerkt: sie trug den Namen *Laforte Ventura*.[5]

---

1 Ob die Vivaldi-Brüder die Kanarischen Inseln als erste erreichten, wie etwa Zaragoza behauptet (*Los grandes descubrimientos*, S. 14f.), ist durch kein schriftliches Dokument belegt; zu Spekulationen über den weiteren Verlauf der Expedition vgl. Rumeu de Armas, "La expansión europea", S. 250, *Dokumente zur europäischen Expansion*, Bd. 1, S. 41ff.

2 Kossok, *1492*, S. 111.

3 Felipe Fernández-Armesto, *The Canary Islands after the Conquest: The Making of a Colonial Society in the Early Sixteenth Century*, Oxford, 1982, S. 7.

4 Vgl. *Historical Dictionary of the Spanish Empire 1402–1975*, Hg. James S. Olson, New York / London, 1992, S. 136. In älteren geschichtlichen und kulturwissenschaftlichen Publikationen heißt es, die 'Wiederentdeckung' durch Lancelotto Malocello sei bereits 1312 erfolgt; angesichts der von Charles Verlinden vorgelegten Schriftstücke läßt sich jedoch die 1925 von Charles de la Roncière vorgenommene, noch 1953 von Richard Hennig (und bis heute von der Mehrzahl kanarischer Historiker) kritiklos kopierte Datierung nicht aufrechterhalten; vgl. Charles Verlinden, "Lanzarotto Malocello et la découverte portugaise des Canaries", *Revue belge de Philologie et d'Histoire*, Bd. 36 (1958), S. 1173–1209.

5 Vgl. José Cabrera Pérez, "El redescubrimiento", *Historia de Canarias*, Bd. 1, Hg. Eduardo Aznar Vallejo, Las Palmas, 1992, S. 102. Die berühmte mallorquinische Kartographenschule, der Dulcert angehörte, entwarf sowohl Portulane, Gebrauchskarten für Seefahrer, als auch Mapaemundi, Bildungszwecken dienende Weltkarten. Die Karten gaben nicht nur die zeitgenössischen geographischen Kenntnisse

2. Portugal

Die Wiederentdeckung[1] der Kanarischen Inseln weckte den Wunsch der portugiesischen Krone, ihren Herrschaftsbereich um ein außerhalb Europa befindliches, dem begehrten Schwarzen Kontinent vorgelagertes Territorium zu erweitern. Bereits 1341 entsandte sie ein vom Genueser Nicolosso da Recco und dem Florentiner Angiolino de Tegghia dei Corbuzzi angeführtes Expeditionskorps zur Inselgruppe der Kanaren, das Möglichkeiten einer späteren Kolonialisierung erkunden sollte und seinen Auftrag dazu nutzte, zahlreiche Einwohner als Sklaven gefangenzunehmen.[2] Die folgenden Überlegungen sollen helfen zu erklären, welches Interesse der portugiesische König am Besitz der kanarischen Inselgruppe besaß.

Die politische Gestalt Portugals war seit Mitte des 13. Jahrhunderts festgelegt; dank erfolgreicher Reconquista hatte sich das ehemalige Grenzlehen des Königreichs León um die Gebiete um Lissabon (1137) und Silves (1249) erweitern können. Unter der Herrschaft Dinis des Liberalen (1278–1325) und aufgrund aktiver Mithilfe der Genueser war das Land an den internationalen Handel herangeführt worden, die Küstenstädte Portugals – allen voran Lagos – nahmen einen bedeutenden Aufschwung. Eine Kaufmannsschicht entstand, die nicht nur am genuesisch-flandrischen Handel partizipierte, sondern dank einer modern ausgerüsteten Flotte eigenständige Handelsbeziehungen mit Frankreich, Flandern und England einleitete.

Die harten Pachtbedingungen der Grundbesitzer zwangen viele Bauern zur Flucht in die Stadt. Das Land verödete, die Agrarproduktion sank. Zwecks Versorgung der kaufkräftigen Bevölkerung mit Lebensmitteln mußte Getreide aus Nordfrankreich und der 'Kornkammer' Maghreb eingeführt werden.

---

wieder, sondern in ihnen spiegelten sich auch Phantasievorstellungen der Autoren: aus Mangel an präzisen Daten wurden unbekannte Regionen der Erde mit phantastischen Tieren und Kreaturen ausgeschmückt, ergänzt um Legenden, mündliche und schriftliche Überlieferungen. Entsprechend wurde auf dem Katalanischen Atlas von 1375 die Expedition des Jacme Ferer zum 'Goldfluß' an der afrikanischen Küste (1346) mit der Darstellung einer Galeere bebildert; sie ist südlich der Kanarischen Inseln eingefügt – genau an der Stelle, wo die Kenntnisse der Kartographen zu jener Zeit endeten. Vgl. *Dokumente zur europäischen Expansion*, Bd. 1, S. 53–56.

1 Zur Problematik der Begriffe '(Wieder-)Entdeckung', 'Begegnung' und 'Konfrontation' vgl. Miguel Léon-Portilla, "UNESCO: Universalización del V Centenario", *El País* (10. Februar 1989), S. 5 und Antonio Caño, "Los ministerios latinoamericanos definen el V Centenario como 'confrontación'", *El País* (25. September 1990), S. 34.

2 Vgl. "La expédición de Angiolino del Tegghia (1341)", *Textos de Historia*, Hg. Manuel de Paz Sanchez, Santa Cruz, 1988, S. 12. Kaufleute aus Florenz ließen sich von ihren Geschäftspartnern in Sevilla über die portugiesische Expedition informieren; die wahrscheinlich von Boccaccio stammende Abschrift des Briefes wurde erstmals 1827 veröffentlicht, vgl. "Die Fahrt des Niccoloso da Recco zu den Kanarischen Inseln (1341)", *Dokumente zur Geschichte der europäischen Expansion*, Bd. 1, S. 47–53.

Die Ausgaben für die Importe führten zu einem wachsenden Gold- und Silberdefizit in der Staatskasse. Eine Expansion in den nordafrikanischen Raum und auf die wiederentdeckten Atlantikinseln schien einen Ausweg aus der Getreide- und Goldkrise zu eröffnen. Zum einen konnten durch Gewinnung neuer Territorien landwirtschaftliche Anbauflächen erschlossen werden, zum anderen boten Stützpunkte in Nordafrika die Möglichkeit, sich in den lukrativen afrikanischen Goldhandel einzuschalten und damit verknüpft Handelsvorteile gegenüber den iberischen Nachbarn zu erringen.

Daß die 1341 durchgeführte Expedition Portugals zum Kanarischen Archipel gleichwohl keine militärische Eroberung einleitete, hat mehrere Ursachen. Die Streitkräfte waren gebunden durch Auseinandersetzungen mit den Sarazenen, zeitweilig auch den Kastiliern, die erfolgreich Teile des portugiesischen Hochadels auf ihre Seite zu ziehen vermochten. Überdies war Portugal wirtschaftlich geschwächt. Zunehmend befreiten sich Bauern aus Leibeigenschaft und Lehenszwang, reagierten auf adelige Repression mit Gewalt. Die Lebensmittel verknappten sich, die ländliche Bevölkerung wurde Opfer von Krankheitsepidemien. Besonders verheerend war die Pest des Jahres 1348, der über 30% der Portugiesen zum Opfer fielen.[1]

Maßnahmen zur Förderung der Seefahrt wurden erst unter König Ferdinand I. (1367–1383) eingeleitet. Ein erster Anlauf, Teile des Kanarischen Archipels in Besitz zu nehmen, wurde 1370 unternommen. In diesem Jahr starb Papst Urban V., der während seiner Amtszeit eine aragonesische Eroberung des Archipels favorisiert hatte. Noch bevor der päpstliche Nachfolger die neuen Richtlinien bezüglich der Vergabe von Lehen verkünden konnte, wurde der portugiesische König aktiv und betraute Admiral Lancelotto da Framqua alias Malocello mit der Herrschaft über die Inseln Lanzarote und Gomera. In dem königlichen Dokument vom 29. Juni 1370 heißt es:

> Daher soll er von Uns die Inseln erhalten, die im Meer von Kap Nao liegen und die er selbst entdeckt und für Uns in Besitz genommen hat. Diese Inseln sind unbesiedelt, da Wir (bisher) niemandem ein Privileg erteilt haben, sie zu besiedeln und urbar zu machen.[2]

Wer aus diesen Worten den Schluß zieht, die Inseln seien unbewohnt gewesen, erliegt einer imperialen Sprachtäuschung. Heiden galten dem portugiesischen König nicht als vollwertige Menschen, sie waren unfähig, ein Land urbar zu machen".

In einer königlichen Urkunde vom 7. Juli 1376 wurde Lancelotto da Framqua als Oberbefehlshaber der besagten Inseln bestätigt. Das Dokument läßt jedoch darauf schließen, daß es Lancelotto bis zu diesem Zeitpunkt nicht gelungen

1 Vgl. Eric R. Wolf, *Völker ohne Geschichte*, S. 162.

2 "Fernando I. von Portugal überträgt seinem Admiral und Lehnsmann Lanzarote da Framqua die Inseln Nosa Señora a Framqua (Lanzarote) und Gomera (1370)", *Dokumente zur europäischen Expansion*, Bd. 1, S. 271–275, h. S. 274.

war, die Inseln militärisch zu erobern; schuldig gesprochen werden die Kastilier, die mit Portugal im Krieg standen und denen unterstellt wird, sie hätten die Einheimischen in ihrem Widerstand gegen die Portugiesen unterstützt.

Um die mit der portugiesischen Mission verknüpften Dokumente ist ein akademischer Disput entbrannt, als deren wichtigste Kontrahenten der Belgier Charles Verlinden und der Kanarier Elías Serra Ráfols auftreten. Verlinden zufolge handelt es sich bei der Lehnsurkunde um die korrekte Abschrift eines Dokuments in ein Transsumpt des Jahres 1385. Serra Ráfols dagegen behauptet, in der Urkunde finden sich Namen und Begriffe, die nicht auf die Kanarischen Inseln des 14. Jahrhunderts zu beziehen seien.[1] In jüngst veröffentlichten spanischen Publikationen wird die Existenz der Urkunde beharrlich verschwiegen – der Eindruck soll vermieden werden, die Portugiesen seien gleichermaßen legitimiert, den Archipel für sich zu beanspruchen. Auch wird Lancelotto Malocello, der 'Wiederentdecker' der Inseln, stets nur als Genueser vorgestellt; daß er in portugiesischen Diensten stand, erfährt der spanische Leser nur aus ausländischen Publikationen.

Johannes I., dem Regenten des religiös-militärischen Ordens von Avis, gelang es 1385, durch den Sieg von Albujarrota Portugals Unabhängigkeit von Kastilien zu unterstreichen. Unter der Herrschaft der von ihm begründeten Avis-Dynastie (1383–1580) erneuerte sich das Königreich. Der Hochadel, der mit Kastilien kollaboriert hatte, um die eigene Stellung zu festigen, wurde weitgehend entmachtet, sein Besitz einer neuentstandenen Adelsschicht bürgerlichen Ursprungs zugeteilt. Der König wahrte enge Verbindungen zur einheimischen Kaufmannsschicht, machte ihr Anliegen, Märkte außerhalb Europas zu erschließen, zu seinem eigenen. Zielstrebig ließ er die königliche Flotte ausbauen, die es ihm ermöglichen sollte, bald als größter Handelsunternehmer des Landes aufzutreten.

Portugal war zu Beginn des 15. Jahrhunderts politisch gefestigt, konnte deshalb früher als seine Konkurrenten aus Spanien, Frankreich und England ausgreifen nach Übersee. Unter der Leitung des Prinzen Heinrich des Seefahrers (1394–1460) unternahm Portugal zahlreiche Vorstöße zu den Kanarischen Inseln und zur afrikanischen Küste. Die Finanzierung erfolgte über die königlichen Fischereirechte an der Algarve, die Seifenherstellung und das Monopol auf Zucker- und Farbstoffimport.

---

1 Vgl. ib., S. 272, Anm. 2.

3. Aragón-Kastilien

In den Königreichen Aragón und Kastilien, die erst 1474 zum spanischen Staat verschmolzen, fand Portugal seine stärksten Widersacher im Kampf um Expansion. Mit der Inbesitznahme der Städte Barcelona (1137), Palma de Mallorca (1229) und Valencia (1239) hatte Aragón schon früh wichtige kommerzielle Zentren erworben, deren Handelsverbindungen sich bis nach Konstantinopel, Alexandria und Ceuta erstreckten. Ab etwa 1280 wurde die Herstellung von Textilien eingeleitet, mallorquinische und katalanische Kaufleute traten in Konkurrenz zu den Handelsfamilien der italienischen Stadtstaaten.

Schon früh waren sich Aragón und Kastilien, obzwar untereinander verfeindet, des Vorteils gemeinsamen Handelns in außenpolitischen Fragen bewußt. Bereits 1291 wurde vertraglich festgelegt, wer von beiden welches nordafrikanische Land nach zukünftiger Besetzung kontrollieren sollte. 1309 wurden erstmalig Truppen nach Nordafrika entsandt; sie wurden zwecks Absicherung katalanisch-aragonesischer Handelsinteressen in Ceuta stationiert.

Ceuta war aufgrund seiner geographischen Lage von größter strategischer Bedeutung und markierte den Grenzpunkt einer wichtigen Handelsroute.[1] Hier veräußerten islamische Kaufleute begehrtes Gold, das von den Minen Westafrikas über die Sahara nach Europa transportiert wurde. Zugleich wurden in Ceuta Kupfer aus Tekkada, Salz aus Teghaza und Zucker aus Marokko umgesetzt. Schon früh förderte die wirtschaftliche Bedeutung der Region den Wunsch sowohl Kastiliens als auch Aragóns, an die Quellen des Reichtums unter Umgehung der arabischen Zwischenhändler zu gelangen.

Wie die Portugiesen wußten auch Kastilier und Aragonesen um die Existenz der *Insulae Fortunatae*, einer Inselgruppe im Atlantik auf der Höhe des 15. Breitengrads: ideal als Sprungbrett auf den afrikanischen Kontinent. Bereits 1342, also nur ein Jahr nach den Portugiesen, machten sich mallorquinische Kaufleute und Mönche auf den Weg zum Kanarischen Archipel.[2] Peter IV., König von Aragón (1336–87), übernahm die Schirmherrschaft über diese und auch die neun Jahre spätere, vom Papst abgesegnete Expedition, doch war aufgrund von Pest und Wirtschaftskrise sowie kostspieliger Kämpfe gegen die Kastilier ein weiterreichendes Engagement nicht möglich.

Zwar meldete der kastilische König Alfons XI. (1312–1350) in Schreiben an den Papst gleichfalls Besitzansprüche auf die Inseln an, doch dieser schenkte seinem Begehren wenig Beachtung. Zudem zeigten sich die kastilischen Feu-

---

1 Zur Bedeutung Ceutas als Handelsplatz vgl. Jean Favier, *Gold und Gewürze: Der Aufstieg des Kaufmanns im Mittelalter*, Hamburg, 1992, S. 163.

2 Vgl. Manuel Pérez Rodríguez, *Los extranjeros en Canarias: Historia de su situación jurídica*, La Laguna, 1990, S. 97.

dalherren vorerst an der Entsendung von Expeditionskorps nur wenig interessiert. Im Rahmen der Reconquista hatten sie riesige Latifundien erworben; sie brauchten, sofern sie noch immer nach Land hungerten, den Blick nur auf das südliche Andalusien zu lenken. Ihre Ländereien, die 97% des kastilischen Territoriums ausmachten, nutzten sie für intensive Viehwirtschaft, mit der Produktion von Merino-Wolle verfügten sie über ein begehrtes, absatzsicheres Exportgut.[1] Genuesische Kaufleute brachten die Wolle über die iberischen Küstenstädte nach Italien und Nordwesteuropa, wo sie gewinnbringend zu Textilien weiterverarbeitet wurde.

Dem Königsreich Aragón war freilich damit die Grundlage für einen Wiederaufstieg entzogen: die katalanische Textilproduktion blieb fortan abgeschnitten von den Rohstofflieferungen aus Kastilien und verkümmerte. Die Entwicklung in den Städten stagnierte, auf dem Lande kam es zu Revolten der Bauern, die die Erhöhung der ihnen von den Grundherren abverlangten Tributpflicht nicht hinnehmen wollten. Aragón, so diagnostiziert John H. Elliott, war Ende des 14. Jahrhunderts eine "Gesellschaft auf dem Rückzug".[2] In Kastilien machte man sich derweil Gedanken, wie der durch die Pest ausgelöste Mangel an Arbeitskräften zu beheben sei. Der Blick richtete sich auf den Archipel als ein potentielles Reservoir billiger Arbeitskraft: 1377 und 1385 wurden erste Erkundungsfahrten gestartet. In einer Urkunde ist dokumentiert, daß auf dem Markt von Sevilla im Anschluß an die zweite Expedition 170 Altkanarier an begüterte Andalusier verkauft wurden.[3]

Unter der Regentschaft Heinrichs III. (1390–1406) mochte es kurzzeitig scheinen, als wollte Kastilien eine aktive Afrikapolitik einschlagen. Der König versicherte sich genuesischer Finanzhilfe zur Erforschung des Ostatlantiks und räumte den italienischen Kaufleuten im Gegenzug umfassende Handelsprivilegien ein. 1391 und 1393 wurden zwei großangelegte Expeditionen zum Kanarischen Archipel gestartet, die von Wissenschaftlern, Karthographen und Chronisten begleitet waren.[4] Diese Fahrten trugen entscheidend bei zur 'Enträtselung' der Inseln: geographisch präzis verortet und wirtschaftlich buchhälterisch erfaßt. Zahlreiche Güter versprachen Gewinn: Rocella Tinctoria, eine Flechtenart, die zu einem karminroten Farbstoff verarbeitet wurde, 'Drachenblut', die Harzflüssigkeit des Dragobaums, die vor allem als Heilmittel in der Medizin Verwendung fand, sowie Robbenfelle, die zu kostbaren Kleidungsstücken verarbeitet wurden; besonders profitträchtig waren die 'wilden' Altkanarier, die auf den

---

1 Vgl. John H. Elliott, *Imperial Spain: 1469–1716*, Harmondsworth, 1990, S. 113.
2 Ib., S. 43.
3 Vgl. Alfonso Franco Silva, "El esclavo canario en el mercado de Sevilla a fines de Edad Media (1470–1525)", *VIII Coloquio de Historia Canario-Americana (1988)*, Bd. 1, Hg. Morales Padrón, Las Palmas, 1991, S.56.
4 Nähere Angaben zu den Expeditionen finden sich in der Chronik Heinrichs III.; vgl. Cabrera Pérez, "El redescubrimiento", S. 105.

Sklavenmärkten von Sevilla, Valencia, Lissabon und Genua hohe Preise erzielten.[1] Die Phase der Expeditionen durfte als abgeschlossen gelten, der sich über fast ein Jahrhundert hinziehende Prozeß der Eroberung (1402–1496) konnte beginnen. Im Jahr 1402 erwarb Jean de Béthencourt, ein normannischer Adliger, vom kastilischen König Heinrich III. das Privileg zur Eroberung der Kanarischen Inseln.[2] Ein Jahr später, als er sich nach Rücksprache mit dem Papst bereiterklärte, die Oberhoheit des kastilischen Königs anzuerkennen, wurde ihm eine größere Finanzhilfe gewährt. Mit ihrer Hilfe gelang es ihm, innerhalb von drei Jahren die bevölkerungsarmen Inseln Lanzarote, Fuerteventura, Hierro und Gomera zu erobern. Versuche, die Insel Gran Canaria einzunehmen, scheiterten am Widerstand der Altkanarier.

In den folgenden Jahrzehnten wurden die Kanarischen Inseln das Objekt von wiederholtem Kauf und Tausch, Schenkung und Intervention. Jean de Béthencourt verließ die Inseln 1406, neuer Statthalter wurde im darauffolgenden Jahr sein Neffe Maciot. Dieser verkaufte 1418 die Rechte an den bereits eroberten Inseln dem Herzog Enrique de Guzmán, einem der reichsten kastilischen Adligen, Besitzer ausgedehnter Ländereien in Andalusien. Der Herzog zeigte sich jedoch am Besitz der Inseln nicht dauerhaft interessiert und verkaufte diese 1430 an die sevillanische Adelsfamilie Las Casas, der zehn Jahre zuvor bereits von König Johannes II. die Rechte an Gran Canaria und den übrigen noch zu erobernden Inseln zugesprochen worden waren.[3] Die schnelle Abfolge von 'Regenten' und Eigentümern ist bezeichnend: Kastilien hatte im frühen 15. Jahrhundert zwar nominell vom Kanarischen Archipel Besitz ergriffen, zeigte sich aber außerstande, dem Beispiel der Portugiesen zu folgen und eine Offensive in den atlantischen Raum zu starten. Die Reconquista maurischen Territoriums war nicht abgeschlossen, die politische Instabilität nicht überwunden.

1 *Le Canarien*: Crónicas francesas de la conquista de Canarias, Hg. Alejandro Cioranescu, La Laguna, 1986, S. 130f.

2 Die normannische Eroberung ist ausführlich dokumentiert in: Ana Viña Brito, "La conquista señorial", *Historia de Canarias*, Bd. 1, Hg. Aznar Vallejo, Las Palmas, 1992, S. 117–132.

3 Vgl. Pérez Fernández, "Estudio preliminar", S. 150ff.; das Recht zur Eroberung der Inseln Gran Canaria, Teneriffa und La Palma erwarb die kastilische Krone erst 1477.

III. Papst und Krone: Der Kanarische Archipel als internationales Streitobjekt

Gottesherrschaft versus Königsherrschaft

Nicht allein die iberischen Könige konkurrierten um den Besitz der Inselgruppe. Auch die christliche Kirche glaubte, legitime Herrschaftsansprüche auf den Kanarischen Archipel anmelden zu können. Am 15. November 1344 erließ Papst Klemens VI. ein Dekret, das betitelt war *Tue devotionis sinceritas*. Darin wurde die Inselgruppe zum päpstlichen Fürstentum erklärt und in Anlehnung an die antiken Mythen *Principatus Fortunie* getauft. Die engen Beziehungen des Papstes zum französischen König Philipp VI. mögen bei der Wahl des ausersehenen Regenten eine wichtige Rolle gespielt haben. Mit der Eroberung wurde Luis de la Cerda, ein Vertrauter des französischen Königs am päpstlichen Hof beauftragt. Dieser mußte sich verpflichten, die auf dem Archipel lebenden Heiden zum Christentum zu bekehren und dem Papst jährlich einen Tribut von 400 Floriner Gulden zu entrichten.[1] In der Predigt, die der Papst anläßlich der Krönung Luis de la Cerdas hielt, unterstrich er die rechtlichen Grundlagen der Investitur. Er erinnerte daran, daß sich der 'göttliche' Wille in der sogenannten 'Insel-Theorie' manifestierte. Ihr zufolge hatte Kaiser Konstantin dem Papst und seinen Nachfolgern "alle Inseln des Westens zum Eigentum geschenkt."[2] Gleichzeitig ersuchte der Papst die Könige der Iberischen Halbinsel, seinen Günstling finanziell zu unterstützen.

Damit war der seit dem Investiturstreit (1077) schwelende Konflikt wiederbelebt, ob geistlicher oder weltlicher Macht die Vorherrschaft auf der Welt gebühre. In der Theorie des päpstlichen Universalismus (Dominus Orbi), auf die sich Klemens VI. berief, manifestierte sich eine theokratische Rechtsauffassung, derzufolge sich die Autorität des Papstes auf seine Position als Stellvertreter Gottes auf Erden gründete. In göttlichem Auftrag war er ermächtigt, einem christlichen König die Missionierung der Heiden zu übertragen. Als solche waren im Mittelalter all jene definiert, die noch nicht mit dem Christentum in Berührung gekommen waren – im Unterschied zu den 'Un-

1 Vgl. Francisco Caballero Múgica, "La iglesia católica en Canarias desde los orígenes hasta el presente", *VII Coloquio de Historia Canario-Americana (1986)*, Bd. 2, Hg. Morales Padrón, Las Palmas, 1990, S.192; Abdruck der päpstlichen Bulle in: *Dokumente zur Geschichte der europäischen Expansion*, Bd. 1, S. 209–215.

2 *Dokumente zur Geschichte der europäischen Expansion*, Bd. 1, S. 191; die Insel-Theorie wurde 1091 von Papst Urban II. in der Bulle *Cum universae insulae* formuliert; erst im 15. Jahrhundert konnte nachgewiesen werden, daß es sich bei der 'Konstantinischen Schenkung' um eine von römischen Klerikern eingeleitete Fälschung handelte, vgl. ib., S. 195.

gläubigen', die die christliche Lehre kannten, sie aber verwarfen. Sollte sich ein heidnisches Volk weigern, sich in die christliche Gemeinschaft einzugliedern, war ein 'gerechter Krieg' angesagt, um den göttlichen Willen zu realisieren.[1]

Den göttlichen Auftrag zur Missionierung wollten die iberischen Könige wahrnehmen, doch Vasallen des Papstes wollten sie nicht sein. Der König von Aragón erklärte sich zwar bereit, den päpstlichen Willen zu akzeptieren, doch knüpfte er dies an die Bedingung, daß einzig ihm die Eroberungsrechte an den Inseln übertragen würden. Die Könige von Portugal und Kastilien zeigten sich weniger konziliant und richteten im Februar und Mai 1345 Protestschreiben an die Adresse des Papstes. Aufgrund der Expeditionen von 1336 und 1341, so argumentierte der portugiesische König Alfons IV. (1290–1347), sei er legitimiert, die atlantische Inselgruppe für sein Land in Besitz zu nehmen. Wörtlich heißt es:

> Und sie (die Gesandten, I.G.) haben Euch vorgetragen, daß sowohl in Anbetracht der Nachbarschaft, die Wir zu den mehrfach genannten Inseln haben, wie auch wegen der im Blick auf sie so günstigen und vorteilhaften Lage (Unseres Landes), die Wir vor allen anderen zur Eroberung dieser Inseln ausnutzen können, und ebenso auch wegen (Unseres eigenen) Vorhabens, das bereits durch Uns und Unsere Leute so glücklich begonnen worden war, Wir dieses Unternehmen ruhmreich zu Ende führen müßten, bevor Eure Heiligkeit jemand anderen dazu auffordern dürfe, oder daß Eure Heiligkeit vernünftigerweise Uns dies hätte ankündigen sollen.[2]

Der kastilische König Alfons XI. (1311–50) konnte sich, um eigene Besitzansprüche zu rechtfertigen, zwar nicht auf Erkundungs- und Entdeckungsfahrten berufen, wohl aber auf die juristischen Gutachten zahlreicher kastilischer Gelehrter. Kastilien, so argumentierten diese, sei legitimer Nachfolgestaat der römischen Provinz Hispanien, zu der nicht nur das Festland (*Hispania Citerior*), sondern auch weite Teile Nordwestafrikas (*Mauretania Tingitana*, auch *Hispania Ulterior* genannt) gehörten. Der vom Atlas-Gebirge bis zum Kanarischen Archipel reichende geographische Raum dürfe vom Papst nicht beansprucht werden, denn er sei kein "neuentdecktes heidnisches Terrain".[3]

Gleichzeitig konnten sich die Könige Kastiliens und Portugals auch bereits auf theologische Rechtsgutachten stützen, die die Autorität des Papstes zutiefst erschütterten. Beeinflußt von Staatstheoretikern wie Thomas von Aquin

---

1 Vgl. Miguel Ladero Quesada, "El señorio y la lucha por la soberanía", *Historia de Canarias*, Bd. 1, Hg. Aznar Vallejo, Las Palmas, 1992, S. 134.

2 "Die Reaktion Afonsos IV. von Portugal vom 12. Februar 1345", *Dokumente zur Geschichte der europäischen Expansion*, Bd. 1, S. 215–218, h. S. 216.

3 Pérez Fernández, "Estudio preliminar", S. 82f.; eine ähnliche Argumentation präsentierte zu Beginn des 15. Jahrhunderts Pedro d'Ailly, als er schrieb, versehentlich würde 'Afrika' genannt, was eigentlich 'Hispania ulterior' heißen müßte (vgl. ib., S. 82); Pedro d'Aillys Sentenz wurde 1986 auf einer spanischen Briefmarke abgedruckt, die im Rahmen des 500. Jahrestags der Entdeckung Amerikas herausgegeben wurde.

(1225–74), Wilhelm von Ockam (1285–1349) und Marsil von Padua (1275–1343), die den weltlichen Herrschaftsanspruch des Papstes ablehnten, hatten Vertreter der juristischen Fakultät der Universität Bologna eine Theorie formuliert, derzufolge nicht der Kirche, sondern den Königreichen die volle Souveränität gebühre. Der Rechtsgelehrte Bartolus (1314–1357) formulierte: "Die Staaten erkennen keine ihnen übergeordnete Autorität an" (*Civitates non recognoscunt superiorem*), und Baldo degli Ubaldi (1327–1400) bekräftigte: "Der König in seinem Reich ist Herrscher seines Reiches" (*Rex in regno suo est imperator regni sui*).[1]

Eine im Auftrag des Papstes geplante Eroberungsfahrt zum Archipel konnte nicht realisiert werden: Luis de la Cerda starb als französischer Heerführer 1346 in der Schlacht von Crécy. In der Folge war der Papst einem Zusammenwirken mit Pedro IV., dem König von Aragón, nicht länger abgeneigt. Dieser startete mehrere kleine Missionierungsfahrten: 30 Missionare, begleitet von zwei mallorquinischen Kaufleuten, segelten 1351 zu den Kanarischen Inseln, weitere päpstliche Gesandtschaften folgten; als Bischofssitz wurde die Stadt Telde auf Gran Canaria auserwählt.[2] Obgleich die Missionare die Altkanarier mit eingeführten Eisenwerkzeugen, Waffen und Fischfangnetzen unterstützten, wurden sie verstärkt Opfer gewalttätiger Übergriffe. Wenn man überlieferten Chroniken Glauben schenken darf, so wurden 13 mallorquinische Mönche im Zeitraum 1360–1365 von Altkanariern getötet.[3] Die Abwehr gegenüber dem Fremden verstärkte sich noch, als viele Altkanarier an einer auf dem Archipel bisher nicht bekannten Krankheit starben. Es darf vermutet werden, daß sie mit dem Wirken der Mallorquiner in Zusammenhang gebracht wurde. In kürzester Zeit, berichtet Torriani, waren "drei Viertel des Volkes gefällt".[4]

Aufteilung der Einflußsphären

In der Zeit von 1378 bis 1417 gab es nicht nur einen, sondern zwei, ab 1409 vorübergehend sogar drei Päpste, die sich zu rechtmäßigen Stellvertretern Gottes auf Erden erklärten. Eine Schwächung der päpstlichen Autorität war die unvermeidliche Folge. Vor allem unter dem Einfluß der theoretischen Arbeiten Pedro d'Aillys konnte sich zu Beginn des 15. Jahrhunderts die 'Konziliartheorie' durchsetzen, derzufolge der göttliche Wille sich nicht durch

---

1 Zit. nach: François Rigaux, "Reflexionen über eine neue Weltordnung", *Prokla*, Nr. 84 (1991), S. 386.
2 Vgl. Cabrera Pérez, "El redescubrimiento", S. 104.
3 Vgl. *Le Canarien*, S. 131.
4 Leonardo Torriani, *Descripción de las Islas Canarias*, Hg. Alejandro Cioranescu, Santa Cruz, 1978, S. 116.

den Papst, sondern die Gesamtheit der Gläubigen ausdrücke; diese, so hieß es, werde repräsentiert durch das Konzil hoher kirchlicher Würdenträger.

Obwohl der Papst nun nicht mehr die Macht besaß, sich zum unmittelbaren Souverän eines neuentdeckten Landes aufzuschwingen, übte er gleichwohl als internationale Rechtsinstanz wesentlichen Einfluß auf alle zentralen politischen Entscheidungen aus. Während des kastilisch-portugiesischen Ringens um den Besitz atlantischer Territorien wurde der Papst im 15. Jahrhundert mehrfach als Schlichter aufgerufen. Die von der Kurie erlassenen Bullen markierten den Rahmen, innerhalb dessen sich die Expansion entfalten durfte. Sie erlaubten die Begründung für den Anspruch auf Herrschaft, legitimierten das Ausgreifen in ferne, noch unerforschte Regionen der Welt.

1. Bündnispolitik des Papstes 1433–36

1433 gab Papst Eugen IV. dem Antrag des portugiesischen Königs statt, die Bevölkerung der noch nicht eroberten Kanarischen Inseln christianisieren zu dürfen. Zu diesem Zeitpunkt hatte sich Portugal bereits im nordafrikanischen Raum erste Stützpunkte gesichert, die Atlantikfahrten unterstanden der Leitung Heinrichs des Seefahrers, Hochmeisters des Christusordens. Seit 1415 hielten portugiesische Truppen Ceuta besetzt, 1418 –1420 konnte mit der Besiedlung der unbewohnten Inseln Porto Santo und Madeira, 1429 auch der Azoren begonnen werden. Allerdings scheiterte 1424 trotz des hohen Truppenaufgebots von 2.500 Mann ein von Hernando de Castro angeführter Versuch, die Insel Gran Canaria einzunehmen. Auch eine zweite, drei Jahre später durchgeführte militärische Expedition schlug fehl.[1]

Auf dem Baseler Konzil prallten 1434 kastilische und portugiesische Besitzansprüche scharf aufeinander. Der kastilische Rechtsgelehrte Alonso de Cartagena stellte in seinem Traktat *Allegatione* zwar die Herrschaft des Papstes nicht prinzipiell in Frage, doch kritisierte er dessen Vorgehen in bezug auf die Kanarischen Inseln. Der Papst, erklärte er, dürfe einen König nicht nach freiem Belieben mit der Eroberung fremden Territoriums beauftragen; es gebühre demjenigen Vorrang, der sich bereits um die Missionierung der Heiden 'verdient' gemacht habe. Nur wer ein neues Land entdecke und zugleich in der Lage sei, es zu erobern, sei sein rechtmäßiger Besitzer (*ius ad occupationem*). Papst Eugen IV. gab nach und erkannte 1436 in der Bulle *Dudum cum ad nos* das Vorrecht Kastiliens an.[2]

---

1 Vgl. Alfred W. Crosby, *Die Früchte des weißen Mannes: Ökologischer Imperialismus 900–1900*, Frankfurt / New York, 1991, S. 84, ergänzend Pérez Fernández, "Estudio preliminar" S. 153.

2 Vgl. Ladero Quesada, "El señorio", S. 140.

Franziskanermönche wandten sich an den Papst, um die Versklavung bereits christianisierter Altkanarier und ihren Verkauf auf dem Markt von Sevilla durch führende Adelsvertreter anzuprangern. Papst Eugen IV. erließ darauf 1434 das Dekret *Regimini gregis*, in dem solches Verhalten unter Androhung der Exkommunikation verboten wurde. Gleichwohl stimmte er ein Jahr später den Ausführungen des kastilischen Hofjuristen Alonso de Cartagena zu, wonach die Kanarischen Inseln als unbewohnt zu gelten hätten, da ihre Einwohner einer menschlichen Persönlichkeit entbehrten.[1]

2. Bulle Romanus Pontifex 1455

Das Kap Bojador an der Küste Mauretaniens wurde im Mittelalter 'Kap der Angst' genannt. In den Vorstellungen der Menschen jener Zeit markierte es das 'Weltende'; auf seiner Südseite, so glaubte man, mache die Glut der Sahara und das Wirken von Seeungeheuern menschliches Leben zunichte.[2] Die Portugiesen zerstörten diesen Mythos und stießen vor bis Senegal und Guinea, Basen für den Handel mit Sklaven, Gold und Elfenbein.

Das zitierte Kap Bojador sollte bei den päpstlichen Schiedssprüchen des 15. Jahrhunderts mehrfach eine wichtige Rolle spielen. Nachdem es zwischen Kastilien und Portugal zu bewaffneten Auseinandersetzungen um die Kanaren gekommen war, proklamierte der Papst am 8. Januar 1455 die berühmte Bulle *Romanus Pontifex*, laut Charles Boxer eine "Charter des portugiesischen Imperialismus".[3] Die kastilische Lehnshoheit über den Kanarischen Archipel wurde zwar darin nicht angetastet, doch wurde Portugal mit weitreichenden Privilegien ausgestattet. Als einzige europäische Macht war Portugal nach dem Fall Konstantinopels (1453) dem päpstlichen Kreuzzugsaufruf gefolgt, sollte dafür nun reich belohnt werden. Alle – auch die noch zu entdeckenden – Gebiete südlich des Kap Bojador wurden den Portugiesen zuerkannt, überdies das exklusive Recht auf Schiffahrt im atlantischen Meer.

Die Bulle *Romanus Pontifex* wurde ein Jahr später vom päpstlichen Nachfolger Calixt III. bestätigt. Er beauftragte den portugiesischen Christus-Orden

---

1 Vgl. Francisco Morales Padrón, "Las Canarias: Primeras Antillas", *Canarias y América*, Hg. F. Morales Padrón, Madrid, 1988, S. 62. Eine erste juristische Begründung der Sklaverei findet sich in den *Siete Partidas*, einer von König Alfons X. (1252–1284) herausgegebenen Gesetzessammlung; darin werden Gefangene aus 'gerechtem Krieg' zur Sklaverei verurteilt, vgl. Manuel Lobo Cabrera, "Las partidas y la esclavitud: Aplicación en el sistema esclavista canario", *Vegueta*, Nr. 1 (1993), S. 76f.

2 Es waren die antiken Geographen Pomponio Mela (40 n. Chr.) und Ambrosio Macrobio (430 n. Chr.), die jene 'terra incognita' als erste mit besagten Attributen ausschmückten; vgl. Pérez Fernández, "Estudio preliminar", S. 60.

3 Charles R. Boxer, *The Portuguese Seaborne Empire 1415–1825*, London, 1991, S. 21; die Bulle ist abgedruckt in: *Dokumente zur Geschichte der europäischen Expansion*, Bd. 1, S. 223–231.

mit der Missionierung und bezog ausdrücklich alle Regionen "über ganz Guinea und über die Südküste hinaus bis zu den (Gebieten der) Inder" mit ein.[1] Das Bemühen, einen Seeweg nach Asien um Afrika herum zu finden, erhielt damit einen weiteren Auftrieb, ebenso die Suche nach dem in Abessinien, jenseits der Länder des Islam vermuteten mysteriösen Reich des Erzpriesters Johannes. Mit Hilfe seiner Macht und der unermeßlichen Schätze 'Indiens', so hoffte die Kurie, würde es schon in naher Zukunft möglich, das Heilige Land zu erobern.[2]

3. Kastilische Kurswechsel in der Kanarenpolitik 1464–68

1464 unterzeichnete der kastilische König Heinrich IV., der mit Johanna von Portugal verheiratet war, ein Dekret mit überraschendem Inhalt: er übertrug die Eroberungsrechte bezüglich der noch nicht unterworfenen Kanarischen Inseln den portugiesischen Grafen von Vila Real und Atouguia. Papst Pius II. begrüßte die Kursänderung des kastilischen Königs und erteilte 1466 den Portugiesen die Erlaubnis, die Inseln zu christianisieren. Unter Leitung von Diego da Silva de Meneses startete noch im selben Jahr eine Expedition nach Gran Canaria. Die andalusische Adelsfamilie Hernán Peraza, seit 1445 aufgrund eines Landtauschs auf dem Archipel ansässig, begriff sich jedoch weiterhin als rechtmäßige Besitzerin der Insel; sie berief sich auf Entscheidungen der kastilischen Ständeversammlung, wonach der König nicht befugt sei, die Rechte an den Inseln Fremden zu übertragen. König Heinrich IV. gab 1468 dem Protest statt: er informierte den Papst und widerrief die den Portugiesen erteilte Konzession.[3]

Spanische Historiker neigen dazu, diese Fakten zu unterschlagen. Werden sie erwähnt, so wird ihre Bedeutung heruntergespielt. So heißt es bei Morales Padrón, die gewährten Konzessionen seien "nur Gesten" gewesen, "bar jeder Konsequenz", da "die Inselbewohner die Portugiesen ablehnten und der kastilische König die Erlaubnis zurückzog".[4] Der Autor behauptet zu wissen, was die altkanarischen Inselbewohner wünschten – eine demokratische Zustimmung, die obendrein nie eingeholt wurde, soll kastilische Herrschaft legitimieren.

1 Vgl.: *Dokumente zur Geschichte der europäischen Expansion*, Bd. 1, S. 233–237, h. S. 235.

2 Die Zeitmeinung spiegelt ein Mitte des 15. Jahrhunderts anonym verfaßtes Schriftstück "Über die Macht und den Reichtum des Erzpriesters Johannes", abgedruckt in: *Dokumente zur Geschichte der europäischen Expansion*, Bd. 1, S. 126–132.

3 Vgl. Rumeu de Armas, "La expansión europea", S. 260, Pérez Fernández, "Estudio preliminar", S. 165.

4 Morales Padrón, "Las Canarias: Primeras Antillas", S. 59.

4. Spanische Einheit und Kolonialkrieg 1474–79

Das Jahr 1474 markiert die entscheidende Etappe in der Herausbildung des spanischen Staates. Die vormals um die iberische Vormachtstellung konkurrierenden Königreiche Kastilien und Aragón vereinigten sich, die 'Katholischen Könige'[1] Isabella und Ferdinand, konsequente Verfechter des christlichen Dogmas, übernahmen die Regentschaft. Unter ihrer Regierung wurden die Reconquista der Iberischen Halbinsel abgeschlossen, Mauren und Juden ausgegrenzt, der Aufbau eines kolonialen Imperiums in Angriff genommen.

Aragón profitierte von dem Bündnis aus zweierlei Gründen: das Land war durch Aufstände im Innern geschwächt, von außen drohte Frankreich, Sieger im Hundertjährigen Krieg, in aragonesisches Territorium einzudringen. Auch Isabella war an der Herstellung eines gemeinsamen Königreichs interessiert, denn die Tatsache, daß sie die Halbschwester des verstorbenen Königs Heinrich IV. war, nutzte der kastilische Hochadel, der von ihrer Herrschaft eine Minderung seiner Privilegien befürchtete, zum Start einer heftigen gegen sie gerichteten Kampagne. Dabei versicherte er sich der militärischen Unterstützung des portugiesischen Königs Alfons V., der sich aufgrund seiner Heirat mit Johanna, der Tochter Heinrichs IV., gleichfalls Chancen auf den kastilischen Thron ausrechnen durfte.[2]

Der Kampf zwischen Krone und Adel mündete in einen Bürgerkrieg (1475–1479), in dem auch bereits um die zukünftige koloniale Einflußsphäre zwischen Kastilien und Portugal gerungen wurde. Der Historiker Jacques Heers hat deshalb den Erbfolgekrieg als den "ersten Kolonialkrieg zwischen europäischen Staaten" bezeichnet.[3]

Schon 1476 verlagerten sich die Kampfeshandlungen auf den Atlantik: neuralgischer Punkt der portugiesischen Ökonomie, so wußten die Katholischen Könige, war der Goldzufluß aus Afrika. Um ihn zu unterbinden, war es nötig, auf dem Archipel Stützpunkte zu errichten und die atlantische Wasserstraße zwischen den Kanarischen Inseln und Afrika zu sperren. Nach siegreichen Gefechten mit portugiesischen Flottenverbänden erreichten kastilische Truppen unter Führung Juan Rejóns am 24. Juni 1478 die Insel Gran Canaria, wo sie an der Mündung des Barranco Guiniguada das Militärlager 'Real de Las Palmas' errichteten.

1479 war der Bürgerkrieg zugunsten der Katholischen Könige entschieden: im Vertrag von Alcáçovas verzichteten Alfons V. und Johanna von Portugal

---

1 Die Bezeichnung 'Katholische Könige' stellt einen Ehrentitel dar; er wurde ihnen aufgrund ihrer Verdienste um die christliche Mission 1496 vom Papst zugesprochen.

2 Vgl. Walther L. Bernecker / Horst Pietschmann, *Geschichte Spaniens: Von der frühen Neuzeit bis zur Gegenwart*, Stuttgart, 1993, S. 34.

3 Jacques Heers, *Christophe Colomb*, Paris, 1981, S. 173.

auf den kastilischen Thron, im Gegenzug garantierten die Katholischen Könige Portugals Unabhängigkeit. Auch die Machtverhältnisse im nordafrikanischen Raum wurden festgeschrieben. In Anlehnung an die päpstliche Bulle *Romanus Pontifex* wurden den Kastiliern die Kanarischen Inseln und zugleich das afrikanische 'Hinterland' zwischen Ifni und dem Kap Bojador zugesprochen; den Portugiesen wurden das Königreich von Fez (Marokko) und Guinea zugestanden, darüber hinaus Madeira, die Azoren und die Kapverdischen Inseln. Ausdrücklich wurde im Vertrag vermerkt, daß das Meer südlich der Kanarischen Inseln für die kastilische Schiffahrt Sperrgebiet (*mare clausum*) sei.[1]

5. Vertrag von Tordesillas 1494

Nach der Expedition des Kolumbus und seiner Entdeckung der Inseln San Salvador, Kuba und Hispaniola durfte sich der Papst erneut als oberste Rechtsinstanz bei der Aufteilung der Welt betätigen: im Vertrag von Tordesillas 1494, zwei Jahre vor der Niederwerfung Teneriffas, der letzten bisher nicht eroberten kanarischen Insel, wurde Kastilien der Besitz der Kanaren bestätigt und zugleich das Gebiet jenseits einer fiktiven Grenze 370 Seemeilen westlich der Kapverden zugesprochen. Im Gegenzug erhielt Portugal die Rechte auf alle von Kastilien nicht okkupierten Gebiete diesseits der angesprochenen Grenze.[2] Die spanische Krone verlängerte die Reconquista auf nordafrikanisches Territorium und eroberte ab 1497 Melilla, vorübergehend auch Mers-El-Kebir und Tripolis. Portugiesische Seefahrer, die 1488 erstmalig das 'Kap der Guten Hoffnung' umschifft hatten, brachen 1497 unter Leitung Vasco da Gamas abermals nach Indien auf; sie errichteten eine Provisionsbasis in Ostafrika und eroberten Stützpunkte an der indischen Malabarküste. Doch Portugal griff auch nach Westen aus. Bereits um die Jahrhundertwende etablierte es sich als zweite europäische Macht an der südamerikanischen Küste. Der willkürlich festgesetzten Trennungslinie von Tordesillas verdankte es den Besitzanspruch auf Brasilien, wo der Seefahrer Cabral im Jahr 1500 landete.

Im Wettstreit um den Besitz der Kanarischen Inseln wurden juristische Probleme aufgeworfen, die sich nach der Eroberung Amerikas im 16. Jahrhundert in der Theorie des internationalen Rechts niederschlugen. Als Begründer des Völkerrechts gilt der Dominikaner Francisco de Vitoria (1480–1546), der sowohl päpstlichen als auch königlichen Machtanspruch zur Begründung staatlicher Gewalt auf heidnischem Territorium verwarf. Der Papst, deklarierte er, habe über Ungläubige "keine geistliche Gewalt, demnach auch keine weltliche". Deshalb könnten sich auch Könige nicht auf päpstliche Entschei-

---

1 Rumeu de Armas, "La expansión europea", S. 262.

2 Vgl. "Aus dem Vertrag von Tordesillas vom 7. Juni 1494", Schmitt, *Anfänge der europäischen Expansion*, S. 105–108.

dungen berufen, um ihrem Besitzanspruch Legitimität zu verleihen. Das 'Recht der Entdeckung', das etwa die Spanier bemühten, um die Okkupation überseeischen Terrains zu rechtfertigen, hält Vitoria gleichfalls für nichtig: "Nach öffentlichem wie nach privatem Recht", schreibt er, waren die Eingeborenen "die rechtmäßigen Herren".[1]

John H. Elliott stellte jüngst Vitoria als Staatstheoretiker vor, der "an der Legitimität der massiven Usurpation von Territorien, die anderen Völkern gehörten, zweifelte".[2] Mit dieser Lesart kann sich Elliott auf Passagen stützen, in denen Vitoria mit leidenschaftlichen Worten die freie Willensäußerung des Eingeborenen verteidigte, nicht bereit war, ihm aufgrund abweichender Konfession das Recht auf Menschenwürde abzusprechen. Daß freilich bei Vitoria der Eingeborene nur als gut gilt, solange er die vom Europäer diktierten Spielregeln anerkennt und sich der reibungslosen Abwicklung des Warentauschs nicht entgegenstellt, unterschlägt der Oxford-Professor. Unterwerfung, erklärt Vitoria, ist angesagt, "wenn die Eingeborenen den Spaniern verwehren wollten, was ihnen nach Völkerrecht zusteht, z.B. den Handel".[3] An dieser Stelle erweist sich Vitoria als Theoretiker des modernen Kriegsrechts. Das religiös begründete Konzept des 'gerechten' Krieges ist ersetzt durch das Prinzip weltweiter Handelsfreiheit als der Grundlage zwischenstaatlicher Beziehungen: sobald sich der Eingeborene der Logik des nicht von ihm definierten 'Völkerrechts' widersetzt, darf er zur Ordnung gerufen werden – notfalls mit den Mitteln des Kriegs.

---

1 *Geschichte in Quellen*, Bd. 3: *Renaissance, Glaubenskämpfe, Absolutismus*, Hg. Fritz Dickmann, München, 1966, S. 82f.

2 Vgl. John H. Elliott, "España e Inglaterra en las Indias", *Claves*, Nr. 23 (1992), S. 5.

3 *Geschichte in Quellen*, Bd. 3, S. 84.

IV. Aufbau einer kolonialen Ordnung

Mit der Kapitulation vom 29. April 1483 wurde Gran Canaria formal dem Königreich Kastilien angegliedert. Die Sieger setzten die vorgefundene wirtschaftliche und politische Ordnung außer Kraft und etablierten an ihrer Stelle das kastilische Herrschaftsmodell. Das bis dahin kollektiv genutzte Land wurde in Privateigentum überführt, die Subsistenzlandwirtschaft weitgehend durch Anbaugüter für den Export verdrängt.

Zahlreiche Kulturhistoriker betonen den Modellcharakter, den die Kolonialisierung Gran Canarias für die nachfolgende Conquista der Länder Mittel- und Südamerikas hatte: Die Insel war ein "Versuchslaboratorium"[1] wo die Krone erstmalig Methoden erproben konnte, wie ein außereuropäisches heidnisches Volk zu unterwerfen und sein Territorium königlicher Kontrolle effektiv zu unterstellen sei. Sprache und Kultur der Altkanarier, ihre religiösen Sitten und Bräuche wurden getilgt; die Überlebenden wurden, sofern sie bereit waren, sich christianisieren zu lassen, den Kastiliern rechtlich gleichgestellt. Dies erlaubte es der Krone, dem eroberten Territorium einen spezifischen Status zuzuweisen: Gran Canaria sollte nicht als Sklavenreservoir zur privaten Bereicherung der Konquistadoren dienen, sondern als Kronkolonie die Ausweitung königlicher Herrschaft dokumentieren.

War die Inselgruppe "metropolitanes Territorium"[2]oder koloniale Überseeprovinz? Das Argument, der Archipel sei seit der Eroberung immer ein gleichberechtigter, integraler Bestandteil Spaniens gewesen, ändert nichts an dem Umstand, daß die ursprüngliche Bevölkerung von der spanischen Krone politisch unterworfen und erst mit gleichen Rechten ausgestattet wurde, als das Territorium gesichert und die spanische Herrschaft nicht mehr infragezustellen war. "In der Kolonisation", schreibt René Galissot, "beraubt die Unterordnung unter eine Metropole die Bevölkerung der Selbständigkeit ihrer politischen Organisation und ihrer staatlichen Souveränität durch direkten oder indirekten Anschluß. (...) In allen Fällen ist die koloniale Situation durch diese Verhältnisse politischer, ökonomischer und kultureller Unterdrückung definiert, die auf den kolonisierten Gesellschaften lasten, nicht ohne

---

1 Von einem kanarischen "Versuchslaboratorium" sprechen Jocelyn Nigel Hillgarth, *The Spanish Kingdoms (1250–1516)*, Oxford, 1978, S. 576, Elliott, *Imperial Spain*, S. 58 und Crosby, *Die Früchte des weißen Mannes*, S. 74; ähnlich Morales Lezcano, *Los ingleses*, S. 13 und Lobo Cabrera, "Canarias y América en el siglo de la conquista", *Vegueta*, Nr. 0 (1992), S. 44; Pierre Chaunu bezeichnet die Kanarischen Inseln als "erstes transozeanisches Siedlungsgebiet des erobernden Europa" (*le premier terrain de colonisation transocéanique de l'Europe conquérante*), vgl. Pierre Chaunu, *Séville et l'Amérique aux XVIe et XVIIe siècles*, Paris, 1977, S. 51.

2 Pérez Rodríguez, *Los extranjeros*, S. 275.

in einer Hierarchie der Verachtung (kolonialem Rassismus) Platz zu lassen für bestimmte Zwischengruppen oder sich hinter einer Ideologie der Assimilation zu verbergen."[1] Wenn man diese Kriterien auf den Aufbau der sozialen Ordnung Gran Canarias anwendet, so läßt sich mit Recht ein kolonialer Status des Archipels im Verhältnis zu Madrid behaupten.[2]

Eigentumsverhältnisse

Land war die Quelle von Reichtum, der Wunsch es zu besitzen ein wichtiger Ansporn bei der Unterwerfung neuer Territorien. Eine der ersten Amtshandlungen des Gouverneurs Pedro de Vera bestand darin, das nicht von der Krone reklamierte Gebiet samt seiner Wasserquellen unter den Konquistadoren zu verteilen.[3]

Die Normen, nach denen kanarischer Grund und Boden vergeben wurden, waren von der Krone präzis vorgegeben. Die Entscheidung, wieviel Land beansprucht werden dürfte, war einerseits von militärischen Leistungen und sozialer Herkunft der Eroberer, andererseits von der Höhe der in die Eroberung investierten Gelder der Kaufleute abhängig. Die Krone behielt sich die Entscheidung darüber vor, welchen Zwecken das Land zu unterstellen sei; auf Gran Canaria als erster vom Königshaus besetzten Insel (*isla de realengo*) war die Rechtssprechung den Landbesitzern entzogen – anders als auf den von Adligen eroberten Inseln Fuerteventura, Lanzarote, Gomera und Hierro (*islas de señorío*), wo sich seigneuriale Herrschaft noch ungehindert entfalten konnte, die Krone weder eigenes Land besaß noch befugt war, Steuern einzuziehen.

Latifundienbesitzer waren auf Gran Canaria die Vertreter des niederen Adels, Amtsträger der katholischen Kirche und die an der Finanzierung der Conquista maßgeblich beteiligten Kaufleute: vornehmlich Genueser[4] aber auch Sevillaner, Katalanen und Flamen.[5]

---

1 René Gallissot, "Kolonisation", *Kritisches Wörterbuch des Marxismus*, Bd. 4, Hg. Georges Labica u.a., Berlin, 1986, S. 657f.

2 Diese Meinung vertreten auch Dietlinde Hübner, "Weltweiter Streubesitz", *Entwicklungspolitische Korrespondenz*, Nr. 2 (1990), S. 5, Henry Kamen, *La España Imperial*, Madrid, 1991, S. 7 und die Autoren des *Brockhaus-Lexikons*, Stichwort "Spanische Kolonien", Bd. 20, 19. Aufl., Mannheim, 1993, S. 588.

3 Vgl. "Que el Gouernador P. de Vera reparta Tias (sic!)", *Libro Rojo de Gran Canaria o Gran Libro de Provisiones y Reales Cédulas*, Hg. Pedro Cullen del Castillo, Las Palmas, 1947, S. 1; zur neuen Eigentumsordnung auf dem Archipel vgl. Fernández-Armesto, *The Canary Islands*, S. 48–68 und Aznar Vallejo, *La integración*, S. 283–302.

4 Im Provinzarchiv von Las Palmas finden sich zahlreiche Dokumente zur beherrschenden Rolle der Genueser, vgl. AHPLP, Prot. Not., leg. 2316, f. 164v.–165v., 189v.–190r.; leg. 733, f. 40r., 71r.–73v., 110r.–111v., 121v., 125r.–126v., 217r.

5 Vgl. AHPLP, Prot. Not., leg. 733, f. 29r. und 245v.–246r. (Sevillaner), f. 252r., 254r. und 296r. (Katalanen), f. 264r. und 267r. (Flamen).

Minifundien, zumeist schwer zugängliche und wenig fruchtbare Parzellen im Zentrum der Insel, wurden all jenen Soldaten zugesprochen, die sich als Freiwillige an der Conquista beteiligt hatten. Da diese aber nicht über genügend Geld verfügten, um die Terrassierung des gebirgigen Bodens in Angriff nehmen zu können, sahen sie sich alsbald gezwungen, ihr Grundstück an kapitalkräftige Genueser zu verkaufen. Mit einer Verfügung im Jahr 1499, wonach ausländischer Grundbesitz den Wert von 200.000 Maravedíes nicht übersteigen dürfe, vermochte die Krone den Machtzuwachs der italienischen Kaufleute einzudämmen.[1]

Landbesitz allein macht nicht reich: menschliche Arbeitskraft war nötig, um dem Boden Gewinn abzuschöpfen. Die altkanarische Bevölkerung war durch Krieg, Krankheit und Deportation dezimiert, nur etwa 1.200 der ursprünglich 20.000 Inselbewohner standen nach der Eroberung als billige Arbeitskraft zur Verfügung. Sofern sie sich einer Christianisierung willig unterwarfen, brauchten sie nicht zu befürchten, versklavt zu werden. Doch obzwar sie das Privileg genossen, freie Untertanen der kastilischen Krone zu sein, war es ihnen faktisch verwehrt, führende Positionen in der sich herausbildenden kanarischen Gesellschaft zu bekleiden. Fast ausnahmslos waren sie gezwungen, sich als Pächter oder Tagelöhner auf den Anwesen der Eroberer zu verdingen.[2]

Um die wirtschaftliche Erschließung der Insel voranzutreiben, wurden Siedler vom iberischen Festland angeworben, daneben auch Franzosen und Italiener. Juden und Mauren, die von der Peninsula geflüchtet waren[3] betätigten sich vorwiegend als Handwerker und Gewerbetreibende.

Für die in Kastilien und Aragón lebenden Juden hatte sich die Situation 1492 dramatisch zugespitzt. Laut königlicher Anweisung hatten sie innerhalb von vier Monaten das Reich zu verlassen. Viele von ihnen schifften sich auf die Kanarischen Inseln ein, da sie glaubten, sie würden religiöser Verfolgung dort weniger stark ausgesetzt sein als auf dem Festland. Sie konvertierten zum Christentum, wurden aber von Kastiliern verdächtigt, nur aus Gründen des Opportunismus den Glauben gewechselt zu haben. *Criptojudíos* (heimliche Juden) wurden sie genannt, vielleicht auch deshalb, weil man ihnen den Aufstieg in einflußreiche Positionen der kanarischen Gesellschaft mißgönnte:

---

1 Vgl. Fernández-Armesto, *The Canary Islands*, S. 25.

2 Zur juristischen Situation der Altkanarier vgl. Pérez Rodríguez, *Los extranjeros*, S. 164–170; die rechtliche Gleichstellung verdankte sich einem königlichen Dekret aus dem Jahr 1487, vgl. Arbelo Curbelo, *Canarias*, S. 91.

3 An dieser Stelle sei daran erinnert, daß sich die Krone in ihrem Bestreben, die disparaten Königreiche Kastilien und Aragón ideologisch zu verklammern, des Mittels der Religion bediente. Nach dem Fall der letzten moslemischen Festung Granada setzte sie ein religiös einheitliches, katholisches Spanien durch und zerstörte damit die jahrhundertelang währende Tradition der *convivencia*: des Mit- und Nebeneinander islamischer, jüdischer und christlicher Kulturkreise.

Zahlreiche Juden wurden erfolgreiche Kaufleute und erwarben Zuckerplantagen.[1]

Die auf der Peninsula lebenden Moslems ereilte 1499 das gleiche Los wie zuvor die Juden. Auch sie wurden vor die Wahl 'Konversion oder Vertreibung' gestellt. Viele Moslems emigrierten nach Gran Canaria und siedelten sich an der Peripherie der entstehenden städtischen Zentren an. Straßennamen wie *Calle de los moriscos* verweisen noch heute auf ihre einstmals starke numerische Präsenz.

Altkanarier, die in den Jahren der Conquista Widerstand geleistet hatten, waren die ersten Sklaven auf Gran Canaria. In der Folgezeit wurden schwarzafrikanische, vereinzelt auch berberische Sklaven auf die Insel geholt, um in der entstehenden Zuckerindustrie eingesetzt zu werden.[2] Kanarische Historiker schrecken nicht vor rassistischen Deutungsmustern zurück, um zu erklären, warum gerade schwarze Sklaven für die körperlich schwere Arbeit in den Zuckermühlen ausgesucht wurden. So schreibt Anaya Hernández, die "größere technische und politische Primitivität der Afrikaner" (*su mayor primitivismo técnico y político*) habe es den Sklavenjägern ermöglicht, sie "relativ gefahrlos zu rauben". Auch waren sie nach Auffassung des Autors "gelehrsam und leichter zu integrieren", wenngleich unfähig, komplizierte und spezialisierte Tätigkeiten zu verrichten.[3] Ihre Dummheit, so impliziert Anaya Hernández, habe sie für die schweren körperlichen Arbeiten prädestiniert.

Wirtschaftliche Nutzung

"Mit der Kolonisation", resümiert der Kulturhistoriker Lobo Cabrera, "wurde auf den Inseln eine neue Wirtschaftsauffassung eingeführt, die die vorhandenen Rohstoffe besser ausnützte."[4] Die Betonung des Fortschritts, den die Kolonisation eingeleitet habe, läßt die Gewalt, die ihr zugrunde lag, zu einer zu vernachlässigenden Nebengröße schrumpfen.

Unmittelbar nach der Neuordnung der Eigentumsverhältnisse wurde die wirtschaftliche Erschließung der Insel auf die Tagesordnung gesetzt. In den

---

1 Vgl. Juan Régulo Pérez, *Contribución de los judíos a la formación de la sociedad de las Islas Canarias*, Granada, 1966, S. 72.

2 Die Existenz der Sklaven wird dokumentiert im Provinzarchiv und im Archiv des Museo Canario: AHPLP, Prot. Not., leg. 733, f. 184r.–185r., 209r.–212r., 276v.–279v.; AMC, Colección A. Millares Torres MS II, f. 10.

3 Vgl. Luis Anaya Hernández, "Las minorías en la historia de Canarias", *VII Coloquio de Historia Canario-Americana (1986)*, Bd. 1, Hg. Morales Padrón, Las Palmas, 1990, S. 43f.

4 Manuel Lobo Cabrera, *Cuadernos de historia de Canarias*, Bd. 2: *Viajes, conquista y colonización*, Las Palmas, 1987, S. 104.

subtropisch-feuchten Küstengebieten Gran Canarias, hieß es in einer Verfügung der Katholischen Könige, seien unverzüglich Maßnahmen zur Pflanzung von Zuckerrohr einzuleiten. Bis Mitte des 15. Jahrhunderts war dieses Produkt vor allem im Nahen Osten und auf Sizilien angebaut worden, 1460 wurde sein Anbau erstmalig auf Madeira erprobt. Zwei Gründe mögen die Könige bewogen haben, die Herstellung von Zucker auch auf dem Archipel zu starten: Zucker galt als Luxusgut, dessen Verkauf hohe Rendite versprach, zudem war der Nachschub aus dem Orient langfristig nicht gesichert.

Bereits 1484 nahm der Konquistador Alonso de Lugo in Agaete die erste Zuckermühle in Betrieb, bis zur Jahrhundertwende entstanden weitere 28 Raffinerien im Norden und Osten der Insel, vornehmlich in Las Palmas, Gáldar, Arucas, Telde und Ingenio.[1] Zu diesem Zeitpunkt waren die Kanarischen Inseln in Europa bereits unter dem Namen 'Zuckerinseln' bekannt. Das 'weiße Gold' war aufgestiegen zum wichtigsten und profitabelsten Exportgut insbesondere Gran Canarias. Sein Transport nach Europa und seine Kommerzialisierung auf den Märkten von Genua und Cádiz, Lissabon und Le Havre, Antwerpen und London war von genuesischen Kaufleuten dominiert. Diese sicherten sich damit von Anbeginn einen wichtigen Vorteil gegenüber den kastilischen Militärführern, denen es an über den Archipel hinausreichenden wirtschaftlichen Kontakten ermangelte.

Da große Mengen Holz benötigt wurden, um die für die Verarbeitung installierten Brennöfen zu heizen, waren binnen weniger Jahrzehnte weite Teile der Insel entwaldet. Das unkontrollierte Abholzen führte zu Erosion und nachfolgender Wasserknappheit: aus Mangel an Wurzelwerk wurde die Erde weggeschwemmt, das Regenwasser versickerte nicht im Boden, sondern wurde weggespült oder verdunstete.[2]

Neben Zucker wurde – in geringen Mengen – *Rocella Tinctoria* ausgeführt, ein pflanzlicher Farbstoff, der in der Textilindustrie Italiens und Flanderns Verwendung fand. Die Kommerzialisierung dieser Farbpflanze hatten genuesische Kaufleute bereits vor der Eroberung Gran Canarias in Angriff genommen. 1455 war in Genua eine Monopolgesellschaft gegründet worden, die die Exportrechte für die gesamte auf dem Archipel gesammelte *Rocella Tinctoria* erwarb. Ab 1462 standen der Gesellschaft die Kaufleute Giacomo de Riparalio, Cessima und Andora vor, allesamt Mitglieder der mächtigen Kaufmannsfamilie der Sopranis und enge Mitarbeiter des Konquistadoren Alonso de Lugo.[3]

---

1 Vgl. Antonio Santana Santana, "La evolución del paisaje (I)", *Geografía de Canarias*, Hg. Guillermo Morales Matos, Las Palmas, 1993, S. 203.

2 Vgl. Antonio Santana Santana, "La evolución", S. 204, ähnlich Alfred Crosby, *Die Früchte des weißen Mannes*, S. 98.

3 Vgl. Jacques Heers, "Las empresas genovesas en el Atlántico durante el siglo XV: De la familia a la compañía", *VII Jornadas de Estudios Canarias-América: Canarias y América antes el Descubrimiento: La expansión europea*, Hg. Clavijo Hernández, Santa Cruz,

Fisch rangierte an dritter Stelle der Exportgüter. Küsten- wurde durch Hochseefischerei ergänzt, andalusische Flotten spezialisierten sich auf den Fang in den reichen saharischen Fischbänken. Von der Suche nach verwertbaren Exportprodukten wurden selbst die an den Strand gespülten Muscheln nicht ausgenommen, da sie bei bestimmten afrikanischen Stämmen gegen Gold getauscht werden konnten. Das Monopol auf den Muschelhandel hatten sich die Katholischen Könige bereits 1478 gesichert.[1]

Institutionen

1480 ernannten die Katholischen Könige Pedro de Vera zum Gouverneur Gran Canarias. Er war ausgestattet mit Vollmachten zur Organisation von Verwaltung, Justiz, Wirtschaft und Militär. Ihm unterstand der Inselrat, der *Cabildo*, dem die königlichen Richter, Aufsichtsbeamte und Schreiber angehörten, ferner öffentliche Ausrufer, Gefängniswärter und Henker.[2]

Die Kirche auf Gran Canaria agierte als 'Staat im Staat'. Auf dem ihr zugesprochenen Landgebiet um Agüimes war sie befugt, eigenes Recht zu sprechen. Den Freiraum kirchlicher Macht suchten sich auch Nichtkleriker nutzbar zu machen. Davon zeugt ein Dokument in der Sammlung königlicher Dekrete, in dem die Krone die Kirche aufforderte, alle Personen auszuliefern, die sich vor der Vollstreckung eines Gerichtsurteils auf das bischöfliche Territorium geflüchtet hatten.[3] Die Kirche verfügte über beträchtliche Einnahmen aus Grundbesitz, von der Steuerpflicht war sie ausgenommen. Zusätzlicher Reichtum floß ihr in Form des *diezmo*, des kirchlichen Zehnten zu, den alle Inselbewohner an sie abführen mußten.[4]

Im Jahr 1505 wurde auch auf Gran Canaria die Inquisition eingeführt, eine von der Krone geschaffene kirchliche Gerichtsbarkeit, deren Aufgabe es war, über die Reinheit der christlichen Lehre zu wachen und Abtrünnige notfalls mit Gewalt zum 'wahren' Christentum zurückzuführen. Ketzer, konvertierte Juden und Mauren wurden von ihr verfolgt und verhört, in einzelnen Fällen auch zwecks Abschreckung in den sogenannten Autodafés öffentlich verbrannt.[5] Der Historiker Bartolomé Bennassar hat darauf aufmerksam ge-

---

1985, S. 57f.

1 Vgl. Fernández-Armesto, *The Canary Islands*, S. 69.

2 Vgl. "Fuero y privilegio desta Ysla de Cana (sic!)", *Libro Rojo*, S. 4ff.

3 Vgl. "Contra los que por deudas se acojen al termino de Aguymes", *Libro Rojo*, S. 25; das gleiche Privileg wie die Kirche in Agüimes sicherten sich die Eroberer Pizarro in Peru, Cortés und Alvarado in Neu-Spanien (heute Mexiko); vgl. Fernández-Armesto, *The Canary Islands*, S. 207.

4 Vgl. Manuela Ronquillo Rubio, "La administración civil y eclesiástica", *Historia de Canarias*, Bd. 1, Hg. E. Aznar Vallejo, Las Palmas, 1992, S. 229f.

5 Erste Autodafés datieren auf Gran Canaria aus dem Jahr 1513; in den Jahren 1513–1526 wurden sieben Neu-Christen verbrannt, vgl. Ronquillo Rubio, *El Tribunal de la*

macht, daß die Inquisition auf Gran Canaria zugleich als Geheimdienst der Krone agierte: wichtige Informationen über Nordafrika wurden von ihr an sie weitergeleitet.[1]

Im Jahr 1526 wurde auf Gran Canaria – ebenso wie auf Santo Domingo und in Neuspanien – ein königlicher Gerichtshof, die *Real Audiencia* geschaffen. Der Gouverneur verlor das Amt des Obersten Richters, ging damit seiner relativen Unabhängigkeit verlustig; auch jene Kanarischen Inseln, die bisher einzig der Kontrolle eines Adelshauses unterstanden hatten, wurden nun in rechtlicher Hinsicht königlicher Kontrolle unterstellt.

Inquisición en Canarias (1505–1526), Las Palmas, 1990, S. 37. Wichtige, die Inquisition auf dem Archipel betreffende Unterlagen sind dokumentiert im Band *Papeles y consultas del Consejo de la Inquisición (1565–1718)*, eine Sammlung von Manuskripten, die das British Museum (London) 1824 von Francis Henry Egerton erhielt.

1 Vgl. Bartolomé Bennassar, "El Santo Oficio de Canarias observatorio de la política africana: El caso de las guerras civiles marroquíes (1603–1610)", *VIII Coloquio de Historia Canario-Americana (1988)*, Bd. 1, Hg. Morales Padron, Las Palmas, 1991, S. 7.

V. Gran Canaria nach der Eroberung: Atlantischer Brückenkopf im triangularen Handel

Entdeckungsreisen zur Neuen Welt

Kolumbus, ein Kaufmann und Seefahrer genuesischen Ursprungs, entwickelte eine Seeroute, die über die Kanarischen Inseln in westwärtiger Richtung nach Indien führen sollte. Als er 1485 sein Projekt dem portugiesischen König, in dessen Diensten er stand, vorstellte, wurde er enttäuscht: Johannes II. zeigte sich desinteressiert, war fixiert auf den Ausbau einer Seeroute entlang der afrikanischen Küste.[1]

In Kastilien hatte Kolumbus mehr Glück: Franziskanermönche des Klosters La Rábida engagierten sich für seinen Plan, nachdem ihnen Kolumbus zugesichert hatte, die Heiden christianisieren und das gefundene Gold für die Rückeroberung des Heiligen Landes verwenden zu wollen. Rasch sicherte sich Kolumbus auch die Unterstützung einflußreicher Geldgeber, einzig die kastilische Regierung verhielt sich abwartend. Sie beschränkte sich vorerst darauf, den Plänen zur Eroberung Nordwestafrikas nachzugehen; der Angriff sollte vom Kanarischen Archipel aus gestartet werden. Erst nachdem es 1492 gelungen war, Granada, den Staat der 'Fremdgläubigen', zu besiegen und damit den Einflußbereich der Krone entscheidend zu erweitern, begann sich auch sie für die Pläne des Kolumbus zu interessieren.

Die Frontstellung gegen den Islam beflügelte die königliche Entscheidung: Isabella und Ferdinand wünschten, mit dem bei Marco Polo erwähnten mongolischen Großkhan in Verbindung zu treten, um ihn als Bündnispartner für die geplante Rückeroberung des Heiligen Landes zu gewinnen. Was den mittelalterlichen Kreuzzügen von Westen her mißlungen war, sollte von Osten erfolgreich vollbracht werden.[2]

Die Entscheidung der Katholischen Könige, die Erforschung eines westlichen Seewegs nach Indien zu fördern, mag sich freilich auch aus dem Inhalt des Vertrags von Alcâcovas erklären, worin Kastilien 1479 sämtliche Ansprüche auf die südlich des Kanarischen Archipels gelegenen Länder und Meere an Portugal hatte abtreten müssen.

Am 3. August 1492 stach Kolumbus, ernannt zum 'Vizekönig aller zu

---

1 Tatsächlich sollte es der portugiesischen Krone bereits drei Jahre später gelingen, die Südspitze Afrikas zu umsegeln, womit die Voraussetzungen geschaffen waren für den Erwerb von Stützpunkten in Ostafrika und die nachfolgende Eröffnung eines direkten Seeweges nach Asien durch Vasco da Gama.

2 Walter Zöllner, *Kulturgeschichte im Prisma: Spanien*, Leipzig, 1988, S. 95.

entdeckenden Gebiete', im andalusischen Palos in See, sechs Tage später traf er in Gran Canaria ein. Neben strategischen Gründen waren es administrative und private Verpflichtungen, die ihn bewogen, auf dem Archipel Station zu machen. Als Gesandter der Könige mußte er Kontakt zum Gouverneur aufnehmen, gleichzeitig war er – als Privatmann – interessiert, jene Häuser zu inspizieren, die er 1488 vom genuesischen Kaufmann Bautista de Riberol in Las Palmas erworben hatte.[1]

Am 6. September 1492 brach die Flotte unter Ausnutzung der Passatwinde westwärts in den Atlantik auf und erreichte am 12. Oktober die dem amerikanischen Kontinent vorgelagerte Bahama-Insel San Salvador, kurz darauf Kuba und Haiti. In Anlehnung an den kanarischen Besitz wurden sie zunächst *Las Nuevas Islas de Las Canarias Indianas* genannt;[2] 1494, im Vertrag von Tordesillas, wurden sie der spanischen Krone zugesprochen.

Die Reise des Kolumbus war die erste von zahlreichen Expeditionen, die in den folgenden Jahrzehnten den Archipel als Zwischenstopp nutzten. In den Inselhäfen konnten sich die Besatzungsmitglieder mit Proviant versorgen und Schäden am Schiff beheben, bevor sie die etwa 30 Tage währende Schiffspassage zur Neuen Welt in Angriff nahmen. Kolumbus machte hier in den Jahren 1493, 1498 und 1502 Station, Nicolás de Ovando folgte ihm 1502 nach Santo Domingo. Auch Magellan legte hier 1519 eine Pause ein, bevor er sich auf die Suche nach der Meerenge zwischen Atlantik und Pazifik begab. Sebastian Cabot stieß 1526 über den Archipel zum Río de la Plata vor, die in Spanien verbreitete Kunde von bedeutenden Schätzen auf dem Territorium Paraguays stimulierte die Erkundungsfahrt Pedro de Mendozas 1535.

Viele Inselbewohner wollten bei der Erschließung amerikanischer Reichtümer nicht abseits stehen. Vor allem *Criollos*, Spanier, die bereits auf der Insel geboren waren, und *Isleños*, spanisch-altkanarische Mischlinge, heuerten auf Expeditionsschiffen an, um ihr Glück in der Neuen Welt zu versuchen. Vornehmlich mit Hilfe kanarischer Arbeiter und Kleriker erfolgte die Gründung der überseeischen, an der Landenge von Panama gelegenen Kolonie Nombre de Dios; sie war 1534 Zielpunkt einer Expedition der Brüder Bartolomé und García de Moxica.[3]

Seit 1519 der spanische König Carlos I. alias Karl V. zugleich Kaiser des Heiligen Römischen Reichs Deutscher Nation geworden war, durften auch

1 Vgl. Francisco Morales Padrón, "Las Canarias, camino para las Indias", *Canarias y América*, Hg. F. Morales Padrón, Madrid, 1988, S. 68.

2 Vgl. Manuel Giménez Fernández, "América, 'Ysla de Canaria por ganar'", *Anuario de Estudios Atlánticos*, Bd. 1 (1955), S. 332.

3 Vgl. AHPLP, Prot. Not., leg. Nr. 756, f. 181v.–183v., 333v., 335v., 336v., 338v., 346v.; sämtliche für Südamerika bestimmte Waren wurden in Nombre de Dios und im benachbarten Portobelo gelöscht, alle von dort kommenden Edelmetalle hier auf spanische Schiffe geladen.

Deutsche am Geschehen in der Neuen Welt mitwirken. Hiervon profitierte vor allem das Kaufmannsgeschlecht der Welser, das bald schon aufsteigen sollte zum "größten Minen-, Fernhandel- und Reedereikonzern damaliger Zeit".[1] 1528 erwarben die Welser das Recht auf Kolonisierung Venezuelas und das Recht, dort sowie in der Nachbarprovinz Santa Marta nach Gold zu schürfen. Unter der Führung von Nikolaus Federmann begab sich ein deutsches Geschwader sechs Jahre später nach Gran Canaria, nahm 100 Kanarier an Bord, um alsdann die Unterwerfung Venezuelas in Angriff zu nehmen.[2] Auf der Suche nach *El Dorado* durchforsteten Stoßtrupps der Welser über 10 Jahre das amerikanische Binnenland. Die Unternehmung scheiterte 1546 an der Mißgunst spanischer Gegenspieler: Philipp von Hutten und Bartholomäus Welser wurden von spanischen Konquistadoren ermordet. Vor dem Indien-Rat wurde ein Prozeß gegen die Welser angestrengt, der ihren Rückzug aus Spanisch-Amerika nach sich zog.

Sklavenimport aus Afrika

Die Entdeckung des neuen Kontinents markierte einen Wendepunkt in der Geschichte der Kanarischen Inseln. Aus dem atlantischen Vorposten wurde ein Zwischenposten, und dem Archipel wurde jene Rolle zugewiesen, die er bis heute innehat: die eines wichtigen strategischen Verbindungspunkts im Dreieck zwischen Europa, Afrika und Amerika.

Aus der geographischen Lage konnte Las Palmas, die Hauptstadt Gran Canarias, im 16. Jahrhundert auch wirtschaftlichen Profit schlagen. Nicht nur Kolonialwaren wurden hier umgesetzt, gut verdient wurde auch am Handel mit Sklaven. Diese wurden in Spanisch-Amerika benötigt, um das in Bergwerken und auf Plantagen eingesetzte Heer von Arbeitskräften aufzustocken. Viele Indios waren an den Ausbeutungsformen der Konquistadoren zugrundegegangen, die Bevölkerung hatte sich bis 1550 mehr als halbiert.[3] An die Stelle der einheimischen Indios traten verstärkt Arbeitskräfte aus Schwarzafri-

1 Eberhard Schmitt, "Die Welser auf Goldsuche am Amazonas", *Süddeutsche Zeitung* (12. Juli 1992), S. 15.

2 Den Aufenthalt auf den Kanarischen Inseln beschrieb Philipp von Hutten auf den ersten Seiten des Buches *Von dem neuen Hispanien*, abgedruckt in: Hermann Kellenbenz, "Las relaciones comerciales de Alemania con Canarias hasta comienzos del siglo XIX", *VIII Coloquio de Historia Canario-Americano (1988)*, Bd. 2, Hg. Morales Padrón, Las Palmas, 1991, S. 145–148.

3 Tzvetan Todorov spricht sogar – bezogen auf Spanisch-Amerika – von einer "Vernichtung in der Größenordnung von 90 Prozent und mehr", vgl. Todorov, *Die Eroberung Amerikas: Das Problem des Anderen*, Frankfurt, 1985, S. 161; Mißhandlung und Tötung der Indios sind beschrieben bei Fernando Mires, *Im Namen des Kreuzes: Der Genozid an den Indianern während der spanischen Eroberung: Theologische und politische Diskussion*, Fribourg / Brig, 1989, S. 132.

ka: Schon seit dem 14. Jahrhundert wußte man am kastilischen Hof um deren Belastbarkeit, Ausdauer und Kraft.

Dank der Nähe zur afrikanischen Küste übernahm Gran Canaria im aufblühenden Sklavenhandel die Funktion einer wichtigen Operationsbasis. Über die Insel liefen bis 1640 alle offiziellen spanischen Sklavenexpeditionen an die afrikanische Küste, aber es waren auch kanarische Grundbesitzer, die – in begrenztem Umfang – Sklaven als zusätzliche Arbeitskraft benötigten. Es waren zwei Formen des Sklavenerwerbs zu unterscheiden: Raub in Nordwest- und Kauf in Westafrika.[1]

In Nordwestafrika lebten vorwiegend Berber; ihr Raub wurde als *cabalgada* bezeichnet. Dieser Ausdruck stammt aus der Reconquista und bezeichnet die Gefangennahme von Moslems im 'gerechten Krieg'. Neben den Raub trat der Tausch: in einer als *rescate* (Loskauf) bezeichneten Operation wurden die reicheren Berber gegen schwarzafrikanische Sklaven, Kamele und Elfenbein eingelöst. Im Jahr 1569 schlugen die Berber zum ersten Mal zurück: mit zehn Galeeren attackierte der Korsar Calafat die Insel Lanzarote und nahm 200 Kanarier als Sklaven gefangen.[2] Nach wiederholten Überfällen auf die östlichen Inseln beschloß der spanische König, die Raubexpeditionen zu verbieten, um eigenes Territorium nicht zu gefährden.

In Westafrika, das von der Kolonialmacht Portugal dominiert war, mußten sich die auf Gran Canaria angesiedelten Kaufleute damit begnügen, Sklaven käuflich zu erwerben. Die wichtigsten Sklavenmärkte befanden sich auf den Kapverden, in Guinea und Angola. Die erste kanarische Sklavenexpedition nach São Tomé ist aus dem Jahr 1526 überliefert: 300 Schwarzafrikaner wurden an Bord eines Schiffes genommen, um in Santo Domingo weiterverkauft zu werden.[3]

Um eine Sklavenexpedition zu starten, waren erhebliche Kapitalvorschüsse nötig: Schiffe mußten gechartert, Besatzungsmitglieder besoldet werden. Auch galt es, Waren zu kaufen, die in Westafrika gegen Sklaven eingetauscht

---

1 Dokumente zum kanarischen Sklavenhandel können im Provinzarchiv von Las Palmas und im Archiv des Museo Canario eingesehen werden; z.B. AHPLP, Prot. Not., leg. 735, f. 99v.–100r. (Domsherr verkauft einen in Nordwestafrika geraubten Sklaven); AMC, Papeles Inquisición Canaria, Nr. 11 (Raubexpedition nach Santa Cruz de Mar Pequeña); AHPLP, Prot. Not., leg. 798, f. 174r., leg. 852, f. 241r.–244r. (Sklavenkauf auf den Kapverdischen Inseln) und leg. 866, f. 195r. (Sklavenkauf auf den Kapverdischen Inseln).

2 Vgl. Pedro Fernaud, "La dimension africana de Canarias", *VI Coloquio de Historia Canario-Americano (1984)*, Bd. 3, Hg. Morales Padrón, Las Palmas, 1987, S. 20f.

3 Vgl. Manuel Lobo Cabrera / Elena Torres Santana, "La economía mercantil (II): El comercio con África y América", *Historia de Canarias*, Bd. 2, Hg. Lobo Cabrera, Las Palmas, 1992, S. 360; wichtigste kanarische Sklavenkäufer jener Zeit waren der Richter Zurbarán, die Stadträte Diego Naváez und Mateo Cairasco, die Notare Rodrigo de Ocaña und Jerónimo Bautista, der Dekan der Kathedrale Juan de Alarcón.

werden konnten; dabei handelte es sich in der Regel um Stoffe, Metallgegenstände, Zucker und Wein. Die meisten der solcherart erworbenen Sklaven wurden auf amerikanischen Märkten weiterverkauft, die Schiffe – mit Kolonialwaren beladen – segelten zurück in den Heimathafen. Je nach Höhe der in das Projekt investierten Geldsumme waren Kaufleute und kirchliche Würdenträger, königliche Beamte und Gouverneure prozentual am Gewinn beteiligt. In der Regel erlaubte die Transaktion den Investoren eine Bereicherung um ca. 400%.[1]

In Umkehrung traditioneller rassistischer Lehren findet sich in der ethnologisch orientierten Literatur wiederholt das Klischee vom bösen Europäer und dem edlen Afrikaner. Dem ist entgegenzuhalten, daß auch für die einheimischen afrikanischen Eliten der Menschenhandel profitabel war. Sie organisierten die Rekrutierung der Sklaven und den Transport zu den Städten an der westafrikanischen Küste.

Noch im 17. und 18. Jahrhundert war der Besitz von Sklaven auf Gran Canaria unangefochtenes Faktum, in notariellen Protokollen werden sie als Objekt von Schenkung und Erbschaft aufgeführt.[2]

Blütezeit des Amerikahandels

Die Beziehungen Gran Canarias zur 'Neuen Welt' unterstanden seit Gründung der *Casa de Contratación* 1503 kastilischer Kontrolle. Die Aufgabe der sevillanischen Kolonialbehörde bestand darin, den amerikanischen Edelmetallzufluß nach Kastilien zu gewährleisten; zugleich fungierte sie als Zollamt, in dem alle Exporte und Importe minutiös festgehalten wurden. Gran Canaria genoß bis 1574 das Privileg, am Kolonialhandel Kastiliens teilnehmen zu dürfen. Die Inselbewohner hatten das Recht, unbegrenzte Mengen einheimischer Produkte nach Amerika zu exportieren. Ihre Bewegungsfreiheit war nur insofern eingeschränkt, als sie sich ab 1572 auf dem Rückweg von Amerika zuerst in Sevilla registrieren lassen mußten.[3]

Fast alle Handelsfahrten starteten in Las Palmas, der Hauptstadt Gran Canarias, die in besonderer Weise vom Aufbau des spanischen Kolonialreichs profitierte. Ihre strategische Lage machte sie zu einem der "wichtigsten und

1 Vgl. AHPLP, Prot. Not., leg. 780, f. 161v., 162v. und 164v.; zur Berechnung des Gewinns vgl. Lobo Cabrera, *El comercio*, S. 31.

2 Vgl. AHPLP, Prot. Not., leg. 1540, f. 476.

3 Vgl. Elisa Torres Santana / Manuel Lobo Cabrera, "El régimen comercial canario-americano", *Canarias y América*, Hg. Morales Padrón, Madrid, 1988, S. 110. Im Archivo General de Indias (Sevilla), Sección de Indiferente General, leg. 3.089–3.090 (1566–1709) sind alle königlichen Verordnungen aufbewahrt, die den Handel der Kanarischen Inseln mit Spanisch-Amerika betreffen; sie sind abgedruckt in: *Cedulario de Canarias*, 3 Bde., Hg. Francisco Morales Padrón, Las Palmas, 1970.

begehrtesten Orte jener Zeit".[1] Die Handelsaktivitäten begünstigten ihren Aufstieg zu einem wichtigen Finanzzentrum: Genueser profilierten sich als Bankiers, gewährten Kapitalvorschüsse für die Überfahrten nach Amerika. Aufgrund päpstlicher Vorbehalte gegen die Vergabe traditioneller Kredite wurde auch hier das System des Wechselbriefs eingeführt. Dieser war ein mit einem Währungstausch verknüpfter Kredit; die Summe wurde unter der Bedingung verliehen, daß sie in einer Fremdwährung zurückgezahlt würde.[2] Neben den kastilischen waren es vor allem genuesische, aber auch flämische, französische und englische Kaufleute, die sich um Aufnahme von Handelsbeziehungen mit der Neuen Welt bemühten. Die ausländischen Kaufleute bedurften jedoch einer königlichen Lizenz, um Produkte ihrer Herkunftsländer über den Kanarischen Archipel nach Amerika zu exportieren. Da sich die Krone die Vergabe von Lizenzen teuer bezahlen ließ, suchten viele Kaufleute in gesetzeswidriger Zusammenarbeit mit kanarischen Instanzen die Handelshemmnisse zu umgehen.[3]

In den kastilischen Überseekolonien waren die Kaufleute vor allem am Erwerb von Gold und Silber, in geringem Umfang auch von Farbstoffen und Kakao interessiert. Gold entdeckte man schon 1503 in Castilla de Oro, dem späteren Kolumbien, doch als bedeutend wichtiger erwiesen sich die Silberfunde Mitte des 16. Jahrhunderts in Mexiko und Bolivien. Schon bald galten spanische Silberflotten als Synonym für unermeßlichen Reichtum, ihre Rückfahrt – nordwärts über die Azoren ins heimatliche Sevilla – gestaltete sich zum Triumphzug.

Kanarische Waren spielten im triangularen Handel eine vergleichsweise bescheidene Rolle. Wichtigstes Anbaugut Gran Canarias war der Zucker. Doch bereits auf seiner zweiten Reise in die Neue Welt (1494) hatte Kolumbus Zuckerrohrwurzeln vom Kanarischen Archipel auf die Antillen gebracht und damit den Anbau dieses Genußmittels auch in Amerika eingeleitet. Besonders in Brasilien, wo die häufigen Niederschläge ausgeklügelte Bewässerungssysteme überflüssig machten und die Qualität des Bodens zusätzliche Düngung nicht erforderte, konnte Zucker ab etwa 1550 extrem preisgünstig produziert

---

1 Manuel Lobo Cabrera, *El comercio canario europeo bajo Felipe II, Funchal*, 1988, S. 13.

2 Die ersten Wechselbriefe wurden 1505 vom Italiener Antonio Cerezo eingeführt, Kastilier schalteten sich erst 30–40 Jahre später in dieses Geschäft ein; vgl. Enrique Otte, "Canarias: Plaza bancaria europea en el siglo XVI", *IV Coloquio de Historia Canario-Americana (1980)*, Bd. 1, Hg. Morales Padrón, Las Palmas, 1983, S. 161ff.; daß sich die Summe ausgeliehenen Geldes im Verlaufe der Zeit durch Zinszahlungen vergrößern sollte, wertete die katholische Kirche als Sakrileg, vertrat sie doch die Auffassung, Zeit sei ein göttliches Gut, das nicht durch finanzielle Operationen entweiht werden dürfe – Währungstausch galt dagegen als handelsnotwendige Voraussetzung; vgl. Le Goff, *Kaufleute und Bankiers*, S. 71.

3 Vgl. "Instruçion de la orden que los offiçiales de las yslas an de guardar en el vsso de sus offiçios", *Cedulario de Canarias*, Bd. 1, S. 3–12, h. S. 5.

werden.[1] Als sichtbar war, daß längerfristig keine Möglichkeit bestand, den Preis des amerikanischen Zuckers zu unterbieten, stiegen die kanarischen Produzenten auf den Anbau von Wein um. Die aus den Ländern des östlichen Mittelmeers importierte Malvasier-Rebe wurde anfangs nur auf den für Zukker nicht geeigneten Flächen kultiviert, ab 1550 eroberte sie auch jene fruchtbaren Küstenzonen, die bislang für den Anbau von Zuckerrohr reserviert waren.[2]

Hatte sich die kanarische Produktion bis dahin komplementär zur kastilischen entwickelt, so trat sie nun in Konkurrenz zu ihr: Wein war seit 1500 ein wichtiger Pfeiler der kastilischen Ökonomie, seine Absatzmärkte befanden sich in den amerikanischen Kolonien, wo Weinanbau ausdrücklich verboten war.[3] Die kanarische Produktion rief umgehend den Protest andalusischer Weinexporteure hervor, die 1566 die Einrichtung sogenannter *Jueces de Registro* auf dem Archipel erwirkten. Diese wachten darüber, daß nur eine begrenzte Menge Weines nach Amerika ausgeführt wurde.[4]

1574 erließ König Philipp II. eine für den Archipel folgenschwere Verfügung. Kanarische Schiffe durften nur noch zweimal jährlich den amerikanischen Kontinent ansteuern, wobei sie sich in Las Palmas dem kastilischen Flottenverband einzugliedern hatten.[5] Fortan waren die Kanarier auf Schmuggel angewiesen, wollten sie Silber und Gold in größeren Mengen aus Amerika importieren; sie benötigten die Edelmetalle, um das aus den Wirtschaftsbeziehungen mit den europäischen Staaten resultierende Handelsbilanzdefizit auszugleichen.

Wirtschaftsbeziehungen mit Kontinentaleuropa

Gran Canarias Zuckerexport wurde im 16. Jahrhundert weitgehend über Cádiz und Sevilla, die beiden wichtigsten Hafenstädte des spanischen Festlands abgewickelt. Kastilische, baskische, galicische und katalanische Kaufleu-

1 Im Jahr 1550 kosteten 25 Pfund weißen brasilianischen Zuckers 540 *Maravedíes*, während die gleiche Menge kanarischen Zuckers für 973 *Maravedíes* angeboten wurde; vgl. Antonio Macías Hernández, "Canarias en la edad moderna (circa 1500–1850)", *Historia de los pueblos de España: Tierras fronterizas (I)*, Hg. Miquel Barceló, Barcelona, 1984, S. 317.

2 Ein erstes Dokument für Weinanbau bezieht sich auf Telde im Osten Gran Canarias und datiert aus dem Jahr 1524: AHPLP, Prot. Not. 736, f. 62r.

3 Weinexport von Gran Canaria nach Nombre de Dios ist erstmalig 1534 dokumentiert: AHPLP, Prot. Not., leg. 756; vgl. auch leg. 852, f. 115v.–117r. (Lieferungen nach Santo Domingo) und f. 164r.–165v. (Nueva España).

4 Vgl. "De offiçio: Para que los offiçiales de Seuilla tengan quenta con los registros que los de las yslas les enbiaren de quatro en quatro meses", *Cedulario de Canarias*, Bd. 1, S. 13ff.

5 Vgl. Lobo Cabrera / Torres Santana, "La economía mercantil (II)", S. 364; "De offiçio", *Cedulario de Canarias*, Bd. 1, S. 220f.

te nahmen den Zucker in Empfang, um ihn in die spanischen Zielorte weiterzuleiten. Im Gegenzug gelangten Eisen aus dem Baskenland, Öl und Oliven aus Andalusien, Holz aus Galicien über Cádiz auf die Atlantikinseln.[1] Der starken Präsenz genuesischer Kaufleute ist es zuzuschreiben, daß die andalusischen Städte zu Zentren finanzieller Transaktionen aufrückten. Genueser dominierten Wechselgeschäfte und Goldhandel, genossen königliche Handelsprivilegien und nutzten die südspanischen Küstenstädte als Zwischenstation auf der über den Atlantik führenden Schiffahrtsroute nach Nordeuropa. Erst 1556 und vor allem 1627, als der spanische Staat in den finanziellen Bankrott gedrängt war, gingen die in Sevilla ansässigen genuesischen Kaufleute und Bankiers ihrer Vormachtstellung verlustig.

Nicht nur indirekt über die in Cádiz und Sevilla agierenden Kaufleute[2] sondern auch auf direktem Weg war die Republik Genua in den kanarischen Zuckerhandel eingeschaltet. Die Kommerzialisierung des Zuckers unterstand ligurischen Kaufmannsfamilien, die sowohl in Genua als auch in Las Palmas ansässig waren. Von Gran Canaria verschifften sie Zucker in die italienische Hafenstadt, im Gegenzug wurden ihnen Teppiche, Seide und Samt zugesandt.[3]

Zwischen den Kanarischen Inseln und Flandern bestanden Wirtschaftsbeziehungen seit der Conquista. Auch den Flamen ging es darum, einen lukrativen Markt zwecks Kapitalanlage und Warentausches zu erobern. Der Höhepunkt des Handels fiel in die Mitte des 16. Jahrhunderts. Mit 15,3% der gesamten Zucker- und 22,4% der Weinproduktion war Flandern zu dieser Zeit nach Kastilien und Italien der drittgrößte Importeur kanarischer Produkte.[4] Anfangs waren es überwiegend genuesische, später auch flämische Kaufleute, die Zucker und Wein in Antwerpen kommerzialisierten und im Gegenzug Tuche und Wollwaren, aber auch Waffen und Weizen auf den Archipel transportierten. Bedeutende Kunstschätze wurden gleichfalls von Flandern nach Gran Canaria verschifft, darunter Werke von Joos van Cleve und Gerard Goris.

Den Flamen gelang es ebenso wie den Genuesern, sich in den Machtblock des Kanarischen Archipels zu integrieren. Dies wurde dadurch begünstigt, daß die Niederlande 1530 dem spanischen König Karl V. als Erbschaft zufielen. Da der Monarch ihre Autonomie nicht antastete und sie am profitablen Kolonialhandel beteiligte, boten ihm Flamen keinen Widerstand. Brüssel im Norden und Antwerpen im Süden entwickelten sich in jenen Jahren zu wichtigen Schaltstellen im internationalen Handel. Die Präsenz flämischer Kaufleuteauf

1 Für den Zuckerexport von Las Palmas nach Cádiz finden sich zahlreiche Belege im Provinzarchiv, z.B. AHPLP, Prot. Not., leg. 735; vgl. auch Lobo Cabrera, *El comercio*, S. 213–215.

2 Vgl. AHPLP, Prot. Not., leg. 852, f. 180v.–181r., 214r.–221v. und 226.

3 Vgl. AHPLP, Prot. Not., leg. 2580, f. 422v., 426v.

4 Vgl. AHPLP, Prot. Not., leg. 852, f. 214r., f. 101r. und 156v.–157r.; vgl. auch Lobo Cabrera, *El comercio*, S. 174 u. 221f.

Gran Canaria wuchs stetig an und stagnierte erst gegen 1560, als sich die spanisch-niederländischen Beziehungen zu verschlechtern begannen. Der spanische König Philipp II. (1556–98) wollte nicht dulden, daß sich in seinem Reich das ökonomische Machtzentrum in die Niederlande verschob, zumal sich diese durch die Hinwendung zum Protestantismus von Spanien abzuwenden drohten. Die eingeleiteten Maßnahmen zur Verschärfung der Inquisition waren 1566 Auslöser für einen 80 Jahre währenden Krieg, in dessen Verlauf sich die protestantischen Nordprovinzen von Spanien lösten.

Der Krieg zwang holländische Hafen- und Binnenstädte zur Kooperation, förderte die Ausbildung gemeinsamer Interessen in dem vor allem im folgenden Jahrhundert aufkeimenden Kampf um Vorherrschaft auf den Meeren. Begünstigte der Krieg Hollands Aufschwung, so markierte er zugleich Spaniens Abstieg. Die Silberimporte aus Amerika reichten bei weitem nicht aus, um die laufenden Ausgaben für die Kriegsführung und den aufgeblähten Verwaltungsapparat zu decken. Zunehmend sah sich die spanische Krone gezwungen, auf Vorauszahlungen seitens genuesischer und süddeutscher Bankiers zurückzugreifen, die damit Besitztitel auf zukünftige Silberimporte erwarben[1] Spanien erschien im ausklingenden 16. Jahrhundert als Gesellschaft im Niedergang. Der den überseeischen Kolonien abgepreßte Reichtum war nicht unternehmerisch genutzt worden, ein produktives Manufakturwesen war nicht entstanden: Krone und Adel hatten den politischen Aufstieg des Bürgertums verhindert.

Neben Flandern wartete auch Frankreich auf eine Gelegenheit, in den Kampf um koloniale Hegemonie eingreifen zu können. Im 16. Jahrhundert konsolidierte der König seine auf das Zentrum Paris ausgerichtete Macht und förderte den schrittweisen Aufbau von Handelsbeziehungen; dabei vermied er es mit Erfolg, sich in Abhängigkeit von ausländischen Finanziers zu begeben.

Mit dem spanisch-französischen Friedensvertrag von 1559 öffnete sich der französische Markt erstmalig für kanarischen Zucker und Wein. Als sich die flämischen Grenzen für spanische Waren schlossen, avancierte Frankreich vorübergehend zum wichtigsten kanarischen Handelspartner. Zwischen 1569 und 1587 importierte Frankreich 71,8% des produzierten Zuckers und fast die Hälfte des Malvasier-Weins.[2] Die wichtigsten französischen Exportprodukte waren bretonische Stoffe und Salz.

---

1 Vgl. Wolf, *Völker ohne Geschichte*, S. 169. Der Einfluß deutscher Kaufmannsgeschlechter auf das Wirtschaftsleben der Kanarischen Inseln war vergleichsweise gering. Von ihren Niederlassungen in Sevilla unterhielten Welser und Fugger lediglich sporadische Handelsbeziehungen zum Archipel: Welser kauften eine Zuckerplantage in Tazacorte auf La Palma, Fugger entsandten Handelsvertreter nach Gran Canaria; vgl. Kellenbenz, “Las relaciones comerciales”, S. 133ff.

2 Vgl. Lobo Cabrera, *El comercio*, S. 171f.; zur Präsenz französischer Kaufleute in Las Palmas vgl. AHPLP, Prot. Not., leg. 852, f. 168v.

In Kastilien und Italien bestand kein Bedürfnis nach kanarischem Wein, da in diesen Ländern selber Wein in großen Mengen gepflanzt wurde. Neben Flandern und Frankreich waren es vor allem Portugals afrikanische Besitzungen, die Wein vom Archipel importierten. Mit dem Besitz afrikanischer Kolonien war dieses Land zu einer zentralen Handelsmacht aufgestiegen, der Verkauf von Sklaven und Elfenbein, Goldstaub und 'Paradieskörnern'[1] machte die portugiesische Oberschicht reich. Bereits kurz nach der Conquista waren Handelsverbindungen zwischen dem Archipel und Portugal aufgenommen worden, doch ihren Höhepunkt erreichten sie zwischen 1580 und 1640 während der portugiesisch-spanischen Union. Außer Wein bezog Lissabon auch große Mengen Getreide; an kanarischem Zucker bestand kein Interesse, da in Madeira ausreichende Mengen zur Deckung des eigenen Bedarfs produziert wurden. Die Kanarischen Inseln erhielten ihrerseits von Portugal Tongefäße, die in der Zuckerindustrie benötigt wurden, Holzfässer für die Lagerung von Wein, Baumaterial wie Fliesen und Ziegelsteine.[2]

Als sich Portugal 1640 nach 60jähriger Abhängigkeit von Spanien löste, war die portugiesische Regierung bestrebt, die eigene, bisher unterentwickelte Weinproduktion anzukurbeln. Spanische Weine wurden mit einer hohen Einfuhrsteuer belegt, den kanarischen Weinproduzenten gingen dadurch wichtige Märkte in Portugiesisch-Afrika und Brasilien verloren.

Der Antrag der Kanarier bei der Madrider Zentralregierung, die verlorengegangenen Märkte mit einer erhöhten Weinausfuhr in die spanischen Kolonien kompensieren zu dürfen, wurde abschlägig beschieden. Es war dies nicht das erste Mal, daß sich die Kanarier von Madrid eingeschnürt fühlten. Bereits 1574 waren massive Einschränkungen im Amerikahandel verfügt worden; ab 1611 durften auf zwei Fahrten jährlich jeweils nur noch 600 Tonnen kanarischen Weins mitgeführt werden, was lediglich 1,5% der produzierten Jahresernte entsprach.[3] 1649 ging die Zentralregierung noch einen Schritt weiter: Da, wie es hieß, die Kanarischen Inseln das sevillanische Handelsmonopol mißbrauchten und den Schmuggel rivalisierender Mächte begünstigten, hielt es Madrid für geraten, den Archipel vorübergehend ganz vom Amerikahandel auszuschließen. 1650 wurde das Verbot zwar wieder aufgehoben, doch die Exportrate blieb auf 1000 Tonnen jährlich beschränkt.[4]

---

1 'Paradieskörner' war die Bezeichnung für eine in den tropischen Wäldern Westafrikas entdeckte Variante des Guineapfeffers (Afromomum melegueta); die getrockneten Beeren fanden vorwiegend als Heilmittel in der Medizin Verwendung. Vgl. Fernand Salentiny, *Die Gewürzroute: Die Entdeckung des Seewegs nach Asien: Portugals Aufstieg zur ersten europäischen See- und Handelsmacht*, Köln, 1991, S. 9f.

2 Vgl. Lobo Cabrera, *El comercio*, S. 216f.

3 Vgl. Antonio Béthencourt Massieu, *Canarias e Inglaterra: El comercio de vinos 1650–1800*, Las Palmas, 1991, S. 33.

4 Vgl. Macías Hernández, "Canarias en la edad moderna", S. 319.

Handelspartner England

Handelsbeziehungen mit England wurden in kleinem Maßstab seit Beginn des 16. Jahrhunderts unterhalten. Die Kaufleute stammten überwiegend aus Bristol bzw. London und interessierten sich anfangs fast ausschließlich für Zucker und kanarische Farbpflanzen. Als die Mittelmeerinsel Kreta, wichtigster Lieferant des Malvasier-Weins, in den Machtbereich des Osmanischen Reichs fiel, nutzten die britischen Kaufleute die Chance, die heimische Bevölkerung fortan mit kanarischem Malvasier zu versorgen.[1]

Solange die spanischen Könige in England einen Verbündeten gegen Frankreich sahen, durfte sich der englisch-kanarische Handel ungestört entfalten. Er ging erst zurück, als die Protestantin Elisabeth I. den englischen Thron bestieg und sich eine zunehmende Rivalität zwischen England und Spanien herausbildete. Die englische Krone unterstützte die Niederlande in ihrem Streben nach Unabhängigkeit und tolerierte Angriffe englischer Korsaren auf spanische Silberflotten. Philipp II. reagierte mit der Entsendung der Armada nach England, die aber im Ärmelkanal vernichtend geschlagen wurde und den englischen Einheiten fortan ein noch offensiveres Ausgreifen in den Atlantik erlaubte. Las Palmas, die Hauptstadt Gran Canarias, wurde 1599 von Truppen Francis Drakes, 1617 von einem Flottenverband unter Leitung Sir Walter Raleighs attackiert. 1655 flüchtete sich die spanische Silberflotte in kanarische Häfen, wo sie von englischen Korsaren aufgegriffen und zerstört wurde.[2]

Der kanarische Weinexport nach England konnte sich trotz der militärischen Konflikte behaupten, wurde aber zunehmend von britischen Wirtschaftsexperten angefeindet. "Der Handel mit kanarischem Wein", notierte der Ökonom Josiah Child, "ist sehr schädlich für England, weil jene Inseln nur wenige unserer Produkte konsumieren (...) und wir den größten Teil des Weins mit Bargeld vergüten. Daher meine ich, sollte etwas unternommen werden, das jene Inselbewohner zwingt, ihren Wein, dessen Preis jedes Jahr steigt, billiger zu verkaufen – oder aber in England sollte der Konsum des Weines eingeschränkt werden."[3] Die Ratschläge des Ökonomen wurden befolgt – bereits 1660 schlug England eine merkantilistische Wirtschaftspolitik ein, d.h. zwecks Erzielung einer positiven Handelsbilanz wurden die Importe begrenzt und die Exporte gesteigert. Drei

1 Vgl. AHPLP, Prot. Not., leg. 852, f. 1r.–15r., 77r.–78v., 151v.–152r.

2 Vgl. *Dokumente zur Geschichte der europäischen Expansion*, Bd. 4: *Wirtschaft und Handel der Kolonialreiche*, Hg. Eberhard Schmitt, München, 1988, S. 607; die Attacken auf kanarische Hafenstädte erstreckten sich noch über das gesamte 18. Jahrhundert, fanden ihren Höhepunkt 1797 mit dem fehlgeschlagenen Angriff Lord Nelsons auf Santa Cruz.

3 Josiah Child, *A new discourse of trade*, 4. Aufl., London, 1693, S. 189, zit. nach George F. Steckley, "The Wine Economy of Tenerife in the Seventeenth Century: Anglo-Spanish Partnership in a Luxury Trade", *Economic History Review*, Bd. XXXIII (1980), S. 347.

Jahre später verschlechterten sich die *Terms of Trade* für den kanarischen Weinexport ein weiteres Mal. Im *Staple Act* von 1663 wurde festgelegt, daß fortan nicht mehr die britischen Kolonien mit dem Archipel Handelsbeziehungen aufnehmen dürften, sondern einzig noch das britische Mutterland; der Warentransport hatte generell auf britischen Schiffen zu erfolgen.

Im Jahr 1665 schlossen sich 71 Londoner Weinhändler zur Monopolgesellschaft Canary Company zusammen und konfrontierten die kanarischen Geschäftspartner mit der Forderung nach Senkung des Preises für Wein bei gleichzeitiger Erhöhung des Preises für englische Manufakturwaren. Die Reaktion der spanischen Regierung erfolgte umgehend. Sie wies alle auf dem Archipel lebenden Engländer aus und untersagte vorübergehend den kanarisch-britischen Handel.

Lobo Cabrera glaubt, die Gründung der Gesellschaft habe zum Niedergang des kanarischen Weinexports entscheidend beigetragen.[1] Tatsächlich hat sich dieser aber, wie die Studie Steckleys belegt, nach der 1667 vom britischen Unterhaus verfügten Auflösung der Gesellschaft noch einmal beleben können. Erst 35 Jahre später stoppte die Zufuhr des kanarischen Weins nach Großbritannien. Aufgrund der Einführung des portugiesischen Portweins nach England und der damit verknüpften Erhöhung britischer Importzölle für spanischen Wein wurde der kanarische Malvasier von seinem wichtigsten, dem britischen Absatzmarkt verdrängt.[2]

In der englischen Literatur wird die Erinnerung an kanarischen Wein lebendig gehalten. "Er ist ein großartiges Stärkungsmittel, maßvoll getrunken ermuntert er das Herz, belebt das Gemüt und beruhigt einen schwachen Magen."[3] So schrieb William Salmon, Autor des *Compleat English Physician*, eines medizinischen Standardwerkes des 17. Jahrhunderts. Vor ihm hatte schon William Shakespeare die belebende Wirkung des Tranks erprobt. Im zweiten Teil seines Dramas *King Henry IV* (II, 4, Z. 24) legt er einer Wirtin die Worte in den Mund: "*But i'faith, you have drunk too much canaries, and that's a marvellous searching wine, and it perfumes the blood ere one can say, 'What's this?'*" (Ich schwör, du hast zu viel Canarias getrunken; das ist ein wunderbar eindringlicher Wein, er parfümiert das Blut, noch eh' man fragen kann, was

---

1 Manuel Lobo Cabrera, "La economía mercantil (I): Comercio con Europa", *Historia de Canarias*, Bd. 2, Hg. M. Lobo Cabrera, Las Palmas, 1992, S. 350f.

2 Vgl. Steckley, "The Wine Economy", S. 348; Minchinton weist darauf hin, daß in den Folgejahren irisch-katholische Kaufleute bemüht waren, vom spanisch-englischen Antagonismus zu profitieren und in die Fußstapfen der Briten zu schlüpfen, vgl. Walter Minchinton, "The Canaries in the British Trading World of the Eighteenth Century", *IX Coloquio de Historia Canaria-Americana (1990)*, Bd. 2, Hg. Morales Padron, Las Palmas, 1992, S. 679.

3 Zit. nach André L. Simon, *The History of the Wine Trade in England*, Bd. 3, London, 1964, S. 409.

das denn sei.) Des Weines bedient man sich, um sich von Zweifeln zu befreien und Furcht abzustreifen. "*Thou lackest a cup of Canary*" (Dir fehlt ein Schluck Canarias) – mit diesen Worten ermuntert Toby Sir Andrew, alle Bedenken fallenzulassen und sich am Spiel der Intrigen zu beteiligen (*Twelfth Night*, I, 3, Z. 78).[1]

Voll des Lobes für kanarischen Wein war auch John Keats: "*Have ye tippled drink more fine / Than mine host's Canary wine?*" (Hast Du je einen schöneren Wein gepichelt als den kanarischen Trunk meines Herrn?)[2] Der Schriftsteller Ben Jonson trug aufgrund übermäßigen Weingenusses den Beinamen *Canary-bird*; im Prolog zu *Every Man out of his Honour* beschwört er den kanarischen Malvasier als beispiellosen Zaubertrank (*"the very elixir and spirit of wine*"). Und in Congreves *Love for love* (III, 4) erfahren wir, von welchen Sorgen Sir Simpson am stärksten geplagt ist: "*I don't know any universal grievance but a new tax, or the loss of the Canary fleet.*" (Nichts ist schlimmer als eine neue Steuer oder der Verlust der kanarischen Flotte.)[3]

1 Alle Zitate des englischen Dramatikers wurden der folgenden Ausgabe entnommen: William Shakespeare, *The Complete Works*, Hg. Stanley Wells / Gary Taylor, Oxford, 1994; weitere Anspielungen auf kanarischen Wein finden sich in den Shakespeare-Stücken *The Merry Wives of Windsor* (III, 2, Z. 80) und *Love's Labour's Lost* (III, 1, Z. 11).

2 John Keats, "Lines on the Mermaid Tavern", *Poetical Works*, Oxford, 1956, S. 216.

3 Die Zitate von Jonson und Congreve samt weiterer Loblieder auf kanarischen Wein von Shirley, Massinger und Cowley enthält die Studie von Simon, *History*, Bd. 3, S. 329–337.

VI. Abstieg in die Bedeutungslosigkeit

Im 17. Jahrhundert hatte sich das wirtschaftliche Machtzentrum von der Iberischen Halbinsel in den Nordseeraum verschoben. England und Holland, bald auch Frankreich dominierten den internationalen Handel. Der spanische Silberimport aus Amerika erlitt in dieser Zeit drastische Einbußen. Es wurde zwar nicht weniger Silber abgebaut, doch gelangten immer größere Mengen in die Kanäle rivalisierender Mächte, die sich erfolgreich der Waffe des Schmuggels bedienten oder von ihren neu etablierten Stützpunkten auf den Karibikinseln direkte Militärangriffe gegen die spanische Flotte starteten.

Der Kanarische Archipel, einst das "Herzstück imperialer Kommunikation" (*la pièce maîtresse des toutes les communications impériales*)[1] verlor geostrategisch und wirtschaftspolitisch an Bedeutung. Als atlantischer Brükkenkopf wurde er vorerst nicht mehr benötigt, die zentralen Routen des Amerikahandels waren nach Norden verschoben. Der wirtschaftliche Todesstoß ereilte den Archipel, als zu Beginn des 18. Jahrhunderts der lukrative Weinexport nach Großbritannien zum Erliegen kam. Für die Dauer von fast 150 Jahren zeigten sich die Europäer am Handel mit dem Archipel desinteressiert, die Zentralregierung in Madrid beschränkte sich auf Einzug von Steuern und Entsendung von Verwaltungsbeamten. Es verstärkte sich die Not der Landbevölkerung, immer mehr Kanarier träumten von einem besseren Leben auf der anderen Seite des Atlantiks.

Auswanderung nach Übersee

Organisierte Emigration gab es seit 1678: In diesem Jahr hatte Madrid den kanarischen Amerikahandel mit einer bevölkerungspolitischen Maßnahme verknüpft, die mit der Bezeichnung *tributo de sangre* (Blutzoll) versehen wurde.[2] Fortan mußten sich mit 100 Tonnen exportierter Waren fünf kanarische Familien einschiffen, die aus je vier Personen zu bestehen hatten; ihnen wurde die Aufgabe zugewiesen, entvölkerte Gebiete in den spanischen Kolonien zu besiedeln. Die Zwangsmaßnahme wurde von den Kanariern begrüßt, da sie einigen von ihnen die Möglichkeit einer kostenlosen Überfahrt nach Amerika in Aussicht stellte. Da pro Jahr 1000 Tonnen ausgeführt werden durften, bedeutete dies, daß jährlich 200 Personen den Archipel verließen.

Ab Beginn des 18. Jahrhunderts gab es so viele ausreisewillige Kanarier, daß

---

1 Pierre Chaunu, *Séville et l'Amérique*, S. 61.

2 Analola Borges / Jacinto del Castillo, "Consecuencias inmediatas de la real cédula del año 1678", *Serta gratulatoria in honorem Juan Régulo*, Bd. 3, Hg. José-Luis Melena Jiménez u.a., La Laguna, 1988, S. 323.

die von der spanischen Regierung festgesetzte Quote nicht ausreichte. Im Jahr 1718 wurden die bestehenden Ausreisebeschränkungen aufgehoben, in der Folge jedoch mit dem ausdrücklichen Wunsch der spanischen Regierung verknüpft, die Kanarier sollten sich in Santo Domingo und Florida niederlassen. Dies waren Kolonien, in denen aufgrund verstärkten Zustroms britischer Bürger die Gefahr einer 'Überfremdung' beklagt wurde. Ab etwa 1730 wurden weitere Zielorte vorgegeben: Texas, die Großen Antillen, Venezuela und Uruguay. Im Jahr 1763 mußte Spanien zugunsten Englands auf Florida verzichten, im Gegenzug erhielt es den westlichen Teil Louisianas. Diese Region wurde nun bevorzugtes Ziel von 'Emigrationskorps': Allein in den Jahren 1777–1779 verließen knapp 2.400 Kanarier den Archipel und siedelten sich in Louisiana an. Mehrheitlich waren es Tagelöhner, vereinzelt auch Handwerker.[1]

Liberales, aufklärerisches Gedankengut fand zwar Eingang in Debattierklubs der herrschenden Elite, wurde aber politisch kaum wirksam. 1776 hatten Großgrundbesitzer, Kleriker und Kaufleute in Las Palmas eine Fördergemeinschaft gegründet (*Sociedad económica de amigos del país*), mit deren Hilfe sie dem wirtschaftlichen Niedergang der Region entgegenwirken wollten.[2] Angesichts der Konkurrenz britischer Fertigwaren hielten sie die von der Zentralregierung befürworteten protektionistischen Maßnahmen zur Stärkung des lokalen Handwerks und Manufakturwesens für wenig sinnvoll. Mit Nachdruck setzten sie sich für die vollständige Aufhebung aller Zollschranken und den Anbau neuer Exportprodukte ein, konnten sich mit ihren Forderungen aber in Madrid nicht durchsetzen. 1786 durfte ein Teilerfolg verbucht werden: kanarischen Schiffen war es fortan erlaubt, 25% ihrer Ladekapazität mit ausländischen, für den Export bestimmten Waren zu füllen.[3]

In Nordamerika hatten sich zehn Jahre zuvor die ehemaligen britischen Kolonien unabhängig erklärt – auf dem Archipel begann man sogleich von der Wiederbelebung triangularer Handelsstrukturen zu träumen. Tatsächlich konnte der Weinexport kurzzeitig angekurbelt werden; von den Kanarischen Inseln gelangte Wein in die Vereinigten Staaten nach Nordamerika, diese lieferten Rohstoffe an England, das seinerseits den Archipel mit Manufaktur-

---

1 Vgl. Teresa García, "Juan M. Santana: 'La primera emigración canaria masiva tuvo como destino Luisiana'", *La Provincia* (11. April 1993), S. VII; Juan Santana Pérez / José Sánchez Suárez, *Emigración por reclutamiento: Canarias en Luisiana*, Las Palmas, 1993, S. 168. Nach Schätzungen von Parsons emigrierten im Zeitraum 1770–1808 jährlich 2.000 Kanarier, d.h. 1,3% der Bevölkerung in die Neue Welt; vgl. *Hispanic Lands and Peoples: Selected Writings of James J. Parsons*, Hg. William M. Denevan, London / San Francisco, 1989, S. 412.

2 Zu den von der Gesellschaft eingeleiteten Maßnahmen vgl. Macías Hernández, "Canarias en la edad moderna", S. 328f.

3 José Castellano Gil / Francisco Macías Martín, *Historia de Canarias*, Santa Cruz, 1993, S. 70f.

waren versorgte. In den Jahren der napoleonischen Kontinentalsperre konnten die Exportraten sogar noch einmal erhöht werden; die Briten waren von ihren traditionellen Weinlieferanten abgeschnitten, sahen sich vorübergehend gezwungen, auf alte Handelspartner zurückzugreifen.

Dies freilich nur bis 1814: Mit der Installierung der neuen europäischen Ordnung kehrte die Wirtschaftskrise mit unverminderter Stärke auf den Archipel zurück. Die Briten bezogen jetzt den Wein wieder von Portugal und vom Kap der Guten Hoffnung, auf dem Archipel gingen die Produktion kanarischen Weins, aber auch der Anbau von Rocella Tinctoria stetig zurück. Als wenig profitabel erwies sich die Anpflanzung der *Barilla*, eines aus Nordafrika importierten Salzkrauts, das für die Herstellung von Seife verwendet wurde. Die Kanarier verschrieben sich dem Fischfang und der landwirtschaftlichen Produktion, doch die erzeugten Güter reichten für den Eigenbedarf nicht aus.

Die politische Führung Gran Canarias verlegte sich derweil auf Scharmützel mit der Nachbarinsel Teneriffa, der es gelang, die Führungsrolle auf dem Archipel zu übernehmen. 1822 wurde die Hauptstadt von Las Palmas nach Teneriffa verlegt, wo bereits drei Jahre später – den neuen Machtverhältnissen gehorchend – in Santa Cruz ein britisches Konsulat eingerichtet wurde.[1]

Wie auf dem Festland kam es auch auf dem Archipel in den Folgejahren zu einer Umschichtung der Eigentumsverhältnisse. Die Kirche wurde entmachtet, die Inquisition und zahlreiche Klosterorden wurden aufgelöst. Der konfiszierte Besitz wurde zwecks Deckung der Staatsschulden versteigert, die kapitalkräftige Klasse der Großgrundbesitzer konnte so ihren Besitz erheblich erweitern. Sie bereicherte sich zusätzlich am Erwerb von Kron- und Gemeindeland, das Kleinpächter und Tagelöhner bisher als Weideland und Holzreservoir hatten nutzen dürfen. Der Verlust dieser Einkommensquellen beschleunigte die Pauperisierung, viele Kanarier wurden im zweiten Viertel des 19. Jahrhunderts Opfer von Epidemien. Bewohner der kleineren Inseln emigrierten zu den größeren, von dort startete ein Exodus gen Übersee. Allein im Zeitraum 1830–1860 verließen 50.000 Kanarier, d.h., über 20% der Gesamtbevölkerung den Archipel und begaben sich in die amerikanischen Kolonien.[2]

---

1 Las Palmas mußte sich vorläufig mit einem Vizekonsulat zufriedengeben; vgl. *Informes consulares británicos sobre Canarias*, Hg. Francisco Quintana Navarro, Bd. 1, Las Palmas, 1992, S. XXXII.

2 Vgl. Antonio Macías Hernández, "La emigración", *Geografía de Canarias*, Hg. Guillermo Morales Matos, Las Palmas, 1993, S. 285.

Freihandelsstatus

Mitte des 19. Jahrhunderts war der Archipel weitgehend abgeschnitten vom Rest der Welt, selbst die Verbindung zur Peninsula wurde durch lediglich zwei Schiffe pro Monat hergestellt; auch zwischen Gran Canaria und der Nachbarinsel Teneriffa verkehrten nur noch sechs Schiffe monatlich.[1]

Handelsbilanzdefizit und drastischer Rückgang der Bevölkerungszahl hatten zu einer derartigen Zuspitzung der wirtschaftlichen und sozialen Probleme geführt, daß sich die Zentralregierung in Madrid 1852 bereiterklärte, der Inselgruppe den Freihandelsstatus zu gewähren. Dies bedeutete, daß Madrid fortan darauf verzichtete, Zölle auf die auf den Archipel eingeführten Waren zu erheben. Im königlichen Dekret vom 11. Juli 1852 heißt es, die "vergessenen Inseln" sollten aufsteigen zum "Schnittpunkt und Verbindungshafen abgetrennter Kontinente".[2]Für die Kanarier eröffnete sich mit dem Freihandelsdekret die Chance eines Handelsaufschwungs: Schiffe aller Nationalitäten konnten im Hafen von Las Palmas anlegen und ihre Waren zum Verkauf anbieten, ohne daß der Gewinn durch die Abgabe einer Zollsteuer geschmälert würde. Es bestand die Aussicht auf wachsenden Zustrom von Kapital und die Schaffung neuer Arbeitsplätze.

Aufgrund der Gewährung des Freihandelsstatus zeigten sich insbesondere britische Unternehmen am kanarischen Archipel interessiert. 1854 wurde das britische Außenministerium aktiv: Es wies die auf den Inseln beschäftigten Konsuln an, detaillierte Berichte über das lokale Wirtschaftsleben zu erstellen, angereichert um Analysen zu politischen und soziologischen Fragen.

Auf Gran Canaria gab es zu diesem Zeitpunkt bereits mehrere britische Niederlassungen. Zu Beginn des 19. Jahrhunderts hatte sich der Engländer Diego Swanston mit dem Kanarier Juan Bautista Ripoche assoziiert; 1831 wurde der Schotte Thomas Miller dritter Teilhaber der Firma, die durch lokalen Handel, aber auch durch zeitweiligen Export von Wein und *Barilla* zu Einfluß gelangten. Der Gesellschaft kam zugute, daß Swanston über Filialen in London, Boston und Marseille verfügte.[3] Nach dessen Tod 1855 trennten sich die Wege der Teilhaber. Die Erben Swanstons konzentrierten sich auf Handels- und Industrietätigkeiten in London; Miller, der mittlerweile spanischer Staatsbürger geworden war, betätigte sich als Schiffsmakler und ließ ein erstes Kohledepot auf Gran Canaria errichten.

1870 erwarb er das Recht, eine Filiale der Versicherungsgesellschaft London

---

1 Vgl. Enrique Romeu Palazuelos u.a., *Las Islas Canarias*, Madrid, 1981, S. 242.

2 Zit. nach Oswaldo Brito González, *Historia contemporánea: Canarias 1770–1876: El tránsito a la contemporaneidad*, Santa Cruz, 1989, S. 50.

3 Vgl. Francisco Quintana Navarro, "Diego Swanston y Tomás Miller, junto a Juan Ripoche, los pioneros del Puerto", *Diario de Las Palmas* (28. April 1994), S. 48.

Assurance zu eröffnen. Ripoche sollte später zu einem der wichtigsten Bankiers Gran Canarias avancieren.[1]

Daß es in Las Palmas dennoch nicht zu raschem wirtschaftlichem Aufschwung kam, war vor allem darauf zurückzuführen, daß die Zentralregierung in Madrid Investitionen für den Bau eines modernen Hafens vorerst verwehrte und bestrebt war, die Freihandelsbestimmungen nur begrenzt zur Anwendung kommen zu lassen. Der Begriff 'Freihafen', schrieb der britische Konsul, sei trügerisch, da man für bestimmte Waren wie Alkohol, Kaffee und Zucker weiterhin Einfuhrsteuern erhebe.[2] Auch wirkte sich schädigend aus, daß es bis 1868 ausländischen Schiffahrtsgesellschaften untersagt blieb, Warenlager und Kohledepots in Las Palmas anzulegen.

Blütezeit der Koschenille

Im britischen Wirtschaftsbericht des Jahres 1856[3] wurde diagnostiziert, der vier Jahrzehnte währende Niedergang der kanarischen Wirtschaft sei gestoppt, die Inselgruppe treibe nun einem wirtschaftlichen Aufschwung zu. Die Hoffnung richtete sich auf die langfristigen Vorteile des Freihandelsstatus und die wachsende Bedeutung der Koschenille (*Coccus cacti*).

Koschenille-Schildläuse sind parasitäre Tiere, die auf Opuntienkakteen gediehen und in aufwendiger, meist von Frauen und Kindern verrichteter Arbeit abgeschabt und zermahlen werden mußten. 140.000 Exemplare zermahlener Läuse ergaben ein Kilogramm karminroten Farbstoff, der in der Kosmetik- und Textilindustrie Verwendung fand. Bereits im Jahr 1780 war die Aufzucht der Schildläuse gestartet worden, doch erst 1855, als die Produktion im Konkurrenzstaat Mexiko aufgrund der *Melaza*-Epidemie vernichtet wurde und sich der britische Markt aufgrund der Reformmaßnahmen von Robert Peel für den kanarischen Farbstoff öffnete, konnte der Export in großem Umfang gestartet werden.

Die Koschenille-Euphorie währte freilich nur kurz, da man schon Mitte der 60er Jahre in zahlreichen Ländern damit begann, in der Textil- und Kosmetikindustrie die natürlich hergestellten durch synthetische, künstlich erzeugte Farben zu ersetzen. Im Wirtschaftsbericht für das Jahr 1867 bedauerte es der britische Konsul, daß die Kanarier ihre Anstrengungen auch weiterhin auf nur ein einziges Exportgut, die Koschenille konzentrierten und keine Vorsorge für jenen Tag träfen, da auf den internationalen Märkten bevorzugt billigere

---

1 Vgl. Alfredo Herrera Piqué, "La colonia inglesa en Gran Canaria: Una gran aventura económica en el siglo XIX", *Aguayro*, Nr. 94 (1977), S. 6f.

2 Vgl. *Informes consulares británicos*, Bd. 1, S. 411f.

3 Vgl. *Informes consulares británicos*, Bd. 1, S. 6.

Analinfarben gekauft würden.[1] Aufgrund seiner Besorgnis gab der Konsul eine gesonderte Studie zur Lage der Koschenille in Auftrag, die 1871 veröffentlicht wurde.

Zu diesem Zeitpunkt hatte der Preisverfall dieses Exportguts bereits eingesetzt. Seine Aufzucht wurde zwar fortgesetzt, doch die Nachfrage schwächte sich kontinuierlich ab. Viele Anbauflächen für die Wirtspflanze wurden in der Folgezeit für den Anbau von Kartoffeln, Mais und Zuckerrohr bereitgestellt. Das in den 70er Jahren eingeleitete Bemühen, mit Hilfe von Tabakanpflanzungen einen Ausweg aus der Krise zu weisen, scheiterte an kubanischer Konkurrenz und der Obstruktionspolitik spanischer Regierungsstellen.[2]

Konsul Dundas publizierte 1878 einen Bericht zur Not der Landbevölkerung; in den Jahren 1875–1885 verließen 23.000 Bewohner, ca. 10% der Bevölkerung, den Archipel und suchten Arbeit in Übersee. Die meisten von ihnen fuhren in die Kolonien Kuba und Puerto Rico, um von dort illegal in die unabhängig gewordenen Staaten Venezuela und Uruguay überzusiedeln.[3] Die Emigrationsbewegung wurde von der spanischen Regierung gutgeheißen: zum einen konnten soziale Spannungen auf dem Archipel gemildert werden, zum anderen hoffte man, der Geist der Revolte in der auf Unabhängigkeit drängenden Kolonie Kuba würde durch arbeitswillige kanarische Siedler gedämpft.[4]

Ausgreifen nach Afrika

Als Heilmittel gegen die Krise auf dem Archipel plädierten kanarische Politiker für eine offensive Kolonialpolitik der spanischen Zentralregierung. Territorium an der westafrikanischen Küste sollte annektiert und der Provinz der Kanarischen Inseln einverleibt werden. Damit würden die rechtlichen Grundlagen geschaffen, um in saharischen Gewässern ungestört fischen zu können. Die Hochseefischerei würde intensiviert, der Aufbau einer Konservenindustrie könne in Angriff genommen werden.[5]

Das plötzlich erwachte Interesse an einem afrikanischen Protektorat in unmittelbarer Nähe des Archipels verdankte sich auch militärstrategischen Überlegungen. Man glaubte, der Besitz einer Enklave könne verhindern, daß

---

1 Vgl. *Informes consulares británicos*, S. 60.

2 Luis Cabrera Armas / Alvaro Díaz de la Paz, "La economía contemporánea (I): El proceso de consolidación capitalista", *Historia de Canarias*, Bd. 4, Hg. Maria Teresa Noreña Salto / José Pérez García, Las Palmas, 1992, S. 708.

3 Vgl. *Informes consulares británicos*, Bd. 1, S. 209–212.

4 Vgl. Oswaldo Brito González, *Historia contemporánea: Canarias 1876–1931: La encrucijada internacional*, Santa Cruz, 1989, S. 82.

5 Vgl. Jesús Martínez Milan, *Las pesquerías canario-africanas (1800–1914)*, Las Palmas, 1992, S. 63.

sich eine ausländische Macht im kanarischen Hinterland festsetze und im Konfliktfall Angriffe auf den Archipel starte. Eile schien geboten, da sich die Briten 1875 bereits eine Operationsbasis am Kap Juby unmittelbar östlich der Kanarischen Inseln geschaffen und überdies die North West African Company in Tarfaya den Handelsstützpunkt Port Victoria gegründet hatte.[1] Wie wichtig den Briten die saharischen Fischgründe waren, läßt sich daran ermessen, daß ihnen Konsul Dundas im Jahr 1877 eine gesonderte Studie widmete. Aus Andeutungen von Diplomaten glaubte er darauf schließen zu können, daß die Spanier eine Besetzung des Küstenstützpunktes Santa Cruz de la Mar Pequeña vorläufig nicht planten, weshalb sich für britische Unternehmer gute Chancen eröffneten, aus dem Fischereigeschäft großen finanziellen Nutzen zu ziehen: "Bei guter Verwaltung", schrieb der Konsul an das Foreign Office, könnten die Fischgründe eine "Quelle bedeutenden Reichtums" werden.[2]

Die Briten waren nicht die einzigen, die sich für die saharischen Fischgründe interessierten. Auch nordamerikanische Unternehmen wollten den Kanarischen Archipel als Fischereistützpunkt nutzen. 1878 beantragte das Unternehmen Belknap and Hodges die Konzession, auf der unbewohnten Insel La Graciosa eine Kolonie nordamerikanischer Fischer etablieren zu dürfen. Doch der spanische Marineminister wies das Ansinnen energisch zurück, weil dadurch die nationale Fischereiindustrie geschädigt würde.[3]

Fernando León y Castillo, wichtigster Exponent kanarischer Kolonialpolitik und ab 1881 spanischer Überseeminister, engagierte sich für die Okkupation einer saharischen Enklave. Er stützte sich dabei auf den 1860 in Tetuan abgeschlossenen Vertrag, in dem Marokko den Anspruch Spaniens auf Santa Cruz de la Mar Pequeña als legitim anerkannt hatte.[4] In ihren Forderungen bekamen die Kanarier Rückendeckung von peninsularen Banken und Unternehmen: Wissenschaftliche Initiativen wie die 1877 gegründete Afrikagesellschaft (*Asociación española para la exploración de África)* und der 1883 einberufene Kolonial- und Handelskongreß (*Congreso español de geografía colonial y mercantil*) befürworteten die Schaffung spanischer Enklaven zwischen Kap Bojador und Kap Juby.[5]

---

1 Vgl. Karl Rössel, *Wind, Sand und (Mercedes-) Sterne, Westsahara: Der vergessene Kampf*, Unkel/Rhein, 1991, S. 82.

2 *Informes consulares británicos*, Bd. 1, S. 215.

3 Vgl. Martínez Milan, *Las pesquerías*, S. 42; Abdruck des Konzessionsgesuchs: ib., S. 93–96.

4 Santa Cruz de la Mar Pequeña hatte um 1500 kurzzeitig spanischer Kontrolle unterstanden; kurioserweise herrschte noch 1882 Unklarheit darüber, wo der Ort exakt zu verorten sei; vgl. dazu Ibn Azzuz Hakim, "Un documento marroquí inédito referente a las Islas Canarias y la costa frontera (1882–1883)", *II Aula Canarias y El Noroeste de África (1986)*, Hg. Morales Lezcano, Las Palmas, 1986, S. 174f.

5 Vgl. Martínez Milan, *Las pesquerías*, S. 64.

Bereits 1884 operierte die Spanisch-Afrikanische Handelsgesellschaft (*Compañía comercial hispano-africana*) zwischen den Kanarischen Inseln und der Westsahara, um Tauschgeschäfte mit den dort ansässigen Nomaden abzuwikkeln. Noch im gleichen Jahr handelte der Vertreter des spanischen Außenministeriums Bonelli mit besagten Stämmen einen Vertrag aus, in dem das Kap Blanco dem Schutz des spanischen Königs unterstellt wurde. Gleichzeitig wies er die auf dem Archipel stationierten Seestreitkräfte an, in den saharischen Gewässern präsent zu sein.[1] Wenig später wurde der Vertrag als Vorwand benutzt, um einen 550 Kilometer langen, von Kap Blanco bis Kap Bojador reichenden Küstenstrich von Rio de Oro zum spanischen Protektorat zu erklären.

Die eingeleiteten Maßnahmen sind vor dem Hintergrund der Kongo-Konferenz von 1884/85 zu verstehen, in deren Verlauf eine Aufteilung der Interessensphären stattfand. Wollte eine europäische Kolonialmacht Besitz in Afrika beanspruchen, so setzte dies den Abschluß eines ordnungsgemäßen Vertrages mit den Bewohnern des besetzten Gebietes voraus. Spanien hatte entsprechende Vorkehrungen getroffen; darum wurde ihm der Küstenstreifen von Rio de Oro umstandslos zugesprochen, die Halbinsel Kap Blanco mußte es sich jedoch mit Frankreich teilen.[2]

1 Vgl. ib., S. 68.
2 Vgl. Javier Ponce Marrero, "Canarias y la expansión de los imperialismos: De la Europa Bismarckiana a la crisis finisecular, 1880–1899", *Vegueta*, Nr. 1 (1993), S. 172f.

VII. Die Ära der *Canary Islands* (1884–1936)

Herausbildung der britischen Vorherrschaft

Seit Mitte des 19. Jahrhunderts kämpften die europäischen Staaten um die Vormachtstellung in Afrika und Asien, suchten nach Anlagemöglichkeiten für ihr Kapital und nach Märkten für ihre industriell hergestellten Waren. Aufgrund seiner Nähe zum afrikanischen Kontinent wurde der Kanarische Archipel gegen Ende des 19. Jahrhunderts in die imperialistische Dynamik einbezogen, Handels- und Kriegsflotten europäischer Staaten entdeckten Las Palmas als maritime Versorgungsstation.

Von nicht zu unterschätzender Bedeutung war dabei der neuentstandene Hafen Puerto de la Luz, der 1883 für den internationalen Verkehr freigegeben wurde und sich aufgrund seiner geostrategischen und fiskalischen Vorzüge rasch zum führenden *port of call* im Ostatlantik entwickelte. Bereits 1858 hatte der Chefingenieur der Provinz Juan Léon y Castillo den Plan für die Hafenanlagen entwickelt, doch erst 1881, als sein Bruder Fernando Überseeminister in der neugegründeten Regierung Sagasta wurde, konnte die Finanzierung sichergestellt werden.[1]

Großbritannien, das sich in den 80er Jahren auf dem Höhepunkt seiner Macht befand, vermochte die Aktivitäten im Hafen von Anbeginn zu dominieren, ließ den Konkurrenten Frankreich, Spanien und Deutschland kaum Raum zur Entfaltung. Rasche Industrialisierung, Aufschwung des maritimen Handels und koloniale Expansion hatten das Land befähigt, sich aufzuschwingen zum 'Herrn über die Meere', einer 'Werkstatt der Welt'. Dank der Stützpunkte in Gibraltar, Malta und Korfu war das Mittelmeer ein "englisches Meer"[2] und aufgrund der Dominanz in Mauritius, Aden und Ceylon befand sich auch der Indische Ozean in britischer Hand. Doch die Herrschaft über die Handelsrouten auf dem Stillen und Indischen Ozean war unvollkommen, solange nicht der Atlantik gleichfalls britischer Kontrolle unterstand: Über den Nordatlantik führte die Handelsroute von Europa nach Amerika, über den Südatlantik die nach Indien und Australien.

Die Erfindung der Dampfschiffe revolutionierte den internationalen Handel: größere Warenmengen konnten nun schneller als bisher und unabhängig von Wind- und Meeresströmungen transportiert werden. Dementsprechend verdichteten sich finanzielle Transaktionen; die Zeitspanne zwischen Kauf und

---

1 Vgl. Morales Lezcano, *Los ingleses*, S. 134.

2 Manuel Moreno Alonso, "Las islas del Atlántico sur y el imperialismo británico en el siglo XIX", *V Coloquio de Historia Canario-Americana (1982)*, Bd. 4, Hg. Morales Padrón, Las Palmas, 1985, S. 642.

Weiterverkauf einer Ware verkürzte sich, Profite wurden schneller realisiert. Die Verfügbarkeit über Kohledepots, die den Schiffen Aufnahme des wichtigen Brennstoffs ermöglichten, erlangte für ehrgeizige Handelsnationen größte strategische Bedeutung. So kann es nicht verwundern, daß Alfred L. Jones, Teilhaber eines Imperiums, das den europäischen Westafrikahandel beherrschte (British and African Steam Navigation Company, African Steam Ship Company, Elder Dempster), 1884 in Las Palmas die Grand Canary Coaling Company gründete, ein Kohledepot, das die firmeneigene Handelsflotte für die Weiterfahrt ausrüstete. Zu seinen wichtigsten Konkurrenten gehörten die Firmen Miller und Blandy Brothers, die ein Jahr später gleichfalls mit einer Konzession für die Errichtung eines Kohledepots ausgestattet wurden.[1]

Was die spanische Regierung nicht vermochte, leisteten die Briten. Sie schufen eine Infrastruktur, die den Hafen für die internationale Schiffahrt attraktiv werden ließ. Investiert wurde in Lager- und Kühlräume, in dampfbetriebene und elektrische Kräne, in Schiffsreparaturbetriebe und Werkstätten. Britische Firmenvertreter wurden als Konsignatäre tätig, d.h., sie nahmen Waren von Handelsgesellschaften, die über keine eigene Niederlassung im Hafen verfügten, zum Weiterverkauf in Kommission und vermehrten die Einnahmen durch Erhebung von Lagergebühren, Transportkosten und Provision.

Der prosperierende Hafen war zugleich Stimulus für den Anbau neuer Exportgüter. Nach dem Niedergang der Koschenille suchten die Briten mit Tomaten, vor allem aber mit Bananen ins Geschäft zu kommen. Sie dominierten den Prozeß der Kommerzialisierung, setzten Menge und Preis der für die Ausfuhr bestimmten Waren fest. Ab 1884 betrieben Thomas Fyffes und Henry Wolfson, ein Jahr später auch Elder Dempster den Export kanarischer Früchte; im Gegenzug lieferten sie Manufakturwaren und Lebensmittel.[2]

In den Häfen von Liverpool und Hull, wo kurz zuvor erst Bananen aus Madeira als exotische Frucht eingeführt worden waren, suchten nun auch Bananen vom Kanarischen Archipel ihre Abnehmer. Rasch stellte sich heraus, daß die Madeira-Früchte der kanarischen Konkurrenz nicht gewachsen waren – binnen weniger Jahre wurden sie vom britischen Markt verdrängt.

In einer Studie des britischen Foreign Office nannte Konsul Crawford die Gründe: "Die einheimische (kanarische, I.G.) Arbeitskraft ist billiger, der

---

1 AHPLP, Ayuntamiento de Las Palmas, Serie: Intereses Generales, Inventario 12, leg. 2, reg. gral. 5.643, Nr. 39: Konzession Kohledepot Miller, Nr. 40 Konzession Miller & Vasconcellos für Warenlager, Nr. 41+42 Konzession Blandy Brothers für Esplanade und Mole.

2 Zum Wirken britischer Firmen vgl. Agustín Millares Cantero, "Canarias en la edad contemporánea", *Historia de los pueblos de España: Tierras fronterizas (I)*, Hg. Miquel Barceló, Barcelona, 1984, S. 356.

Freihandelshafen erlaubt die Einfuhr von künstlichem Dünger zwecks Behandlung der Pflanzen, die Schiffahrtsgesellschaften bieten größere Möglichkeiten für den Früchtetransport, und die Zollbehörden legen dem Reeder keine Hindernisse in den Weg." All diese Vorteile erlaubten es, daß kanarische Bananen in England preiswerter verkauft werden konnten als die aus Madeira – und dies, obgleich der Transport einen Tag länger dauerte.[1]

Vielfach beschieden sich britische Firmen nicht mit dem lukrativen Weiterverkauf kanarischer Früchte, sondern erwarben selber Grundbesitz und erprobten neue Anbau- und Beschäftigungsmethoden. Bananenplantagen wurden vor allem in den niederschlagsreichen Zonen des Nordens, in Arucas, Guía, Gáldar und Agaete errichtet, der Anbau von Tomaten blieb auf die warmen Küstenregionen der Südhälfte beschränkt.

Aktiv wurden die Briten auch im Dienstleistungssektor: 1894 gründete das Unternehmen Elder Dempster die Bank of British West Africa, die sich zum wichtigsten Agenten britischer Finanztransaktionen zwischen den Kanarischen Inseln und Sierra Leone entwickelte, und auch große Versicherungsgesellschaften wie Lloyds und London Assurance eröffneten auf Gran Canaria Filialen. Darüber hinaus richteten britische Firmen städtische Telefonverbindungen ein und initiierten den interinsularen Postverkehr. Zwecks angestrebter Kommunikation mit den westafrikanischen Kolonien wurde ein erstes Unterwasserkabel von Cádiz zum Archipel und von dort in den Senegal verlegt; über Radiostationen war es möglich, Kontakt mit Schiffen auf hoher See aufzunehmen.[2]

Wer Ende des 19. Jahrhunderts im Hafen von Las Palmas eintraf, mußte den Eindruck gewinnen, britisches Territorium zu betreten. Eine riesige Tafel mit der Aufschrift *Canary Islands* war auf den Bergen von La Isleta angebracht, unterstrich die britische Vorherrschaft über die Inseln. Der Archipel im ausgehenden 19. Jahrhundert war Teil des britischen *Informal Empire*, eine "Kolonie ohne Flagge"[3] die Briten bekleideten zwar keine Posten in der lokalen Politik und Verwaltung, doch ihre Interessen waren eng mit denen der kanarischen Oligarchie verflochten. Dankbar unterstellte sich diese der britischen Führung, investierte eifrig in den Bananen- und Tomatensektor und erlaubte der ausländischen Wirtschaftsmacht, auf alle wichtigen, die Insel betreffenden Entscheidungen Einfluß zu nehmen.

---

1 Foreign Office, *Report on the Fruits and Fruit Trade of Madeira*, Miscellaneous Series, Nr. 408, London, 1896, S. 8.

2 Alfredo Herrera Piqué, *Las Palmas de Gran Canaria*, Bd. 2, 3. Aufl., Madrid, 1984, S. 297; zur Diskussion um die Verlegung des Kabels vgl. AHPLP, Fondo documental de los hermanos León y Castillo, Leg. 27, Doc. 4 und Leg. 7, Doc. 17.

3 Morales Lezcano, *Los ingleses*, S. 31.

Anfänge des Tourismus auf Gran Canaria

Gegen Ende des 19. Jahrhunderts waren die Kanarischen Inseln dem britischen Bildungsbürgertum aus Buchveröffentlichungen wohlvertraut. Naturforscher hatten mit Unterstützung des British Museum, der Linnean Society und der Kew Gardens Erkenntnisse über kanarische Flora und Fauna einem breiten Publikum zugänglich gemacht, und die Reisebeschreibungen von Olivia Stone (1887), Frances Latimer (1888) und John Whitford (1890) weckten den Wunsch vieler Bürger der britischen Middle Class, den Archipel zu besuchen. Die auf den Kanarischen Inseln ansässigen Unternehmen machten dies möglich. Zwecks effektiverer Ausnutzung seiner Schiffskapazitäten begann Alfred L. Jones schon frühzeitig, Passagiere an Bord zu nehmen. Allein im Zeitraum von Oktober 1887 bis Mai 1888 beförderten seine Schiffe 1.100 Urlauber auf den Archipel. Das Unternehmen Yeoward zog nach und bot 1903 neben der Schiffspassage eine preiswerte Hotelunterkunft an. Alfred L. Jones konterte mit einem speziellen *holiday-ticket*, in dem nicht nur der Transport, sondern auch die 14tägige Unterkunft und Verpflegung im Hotel Metropol im Gesamtpreis von 15£ inbegriffen waren.[1]

Das Hotel Metropol war nur eines der insgesamt zwölf Luxushotels, die Ende des 19. Jahrhunderts ausländischen Gästen auf Gran Canaria zur Verfügung standen. Als idealer Winteraufenthaltsort für kränkliche Personen galt das 1890 eröffnete Hotel Santa Catalina, gleichfalls Besitzgut von Alfred L. Jones. Speziell für diese Klientel verfaßten Cleasby Taylor 1893 und A. Samler Brown 1895 zwei medizinische Führer, in denen sie die inseleigenen Quellwasser und die atlantische Luft als Heilmittel gegen Asthma und Tuberkulosis anpriesen.

Doch auch Vergnügungsreisende wollten die Vorzüge des frühlingshaften Winterklimas genießen; die Insel rückte auf zum 'Geheimtip' für Schriftsteller und Wissenschaftler, Bankiers und Militärs. Bereits 1895 war die Zahl der Gran-Canaria-Urlauber derartig angestiegen, daß viele Besucher die Hotels als "massifiziert" empfanden und nach individuellen Unterkünften Ausschau hielten.[2] Für diese Gruppe wurden in den nachfolgenden Jahren luxuriöse Chalets in britischem Stil nahe dem Hotel Santa Catalina erstellt. Die von weitläufigen Gärten eingerahmten Villen nannte man *Ciudad Jardín* (Gartenstadt); heute ist das Viertel bevorzugter Wohnort wohlhabender Kanarier.

---

1 Vgl. Peter N. Davies, "The British Contribution to the Economic Development of the Canary Islands with Special Reference to the Nineteenth Century", *VI Coloquio de Historia Canario-Americana*, Bd. 3, Hg. Morales Padron, Las Palmas, 1987, S. 373f.; organisierten Urlaub gab es bereits seit 1841: Thomas Cook, der 'Vater des Reisegeschäfts', startete das System der Hotelcoupons und Rundreisebillets; seinem Beispiel folgte 13 Jahre später Karl Riesel mit Gruppenreisen ab Deutschland; vgl. Heinrich Krohn, *Welche Lust gewährt das Reisen?*, 2. Aufl., München, 1987, S. 351.

2 *Informes consulares británicos*, Bd. 1, S. 442.

Neben den bereits angesprochenen Hotels und Wohnchalets entstanden Cafés und Vergnügungsstätten. Für sportbegeisterte Briten wurde am Pico de Bandama der erste Golfplatz Spaniens eingeweiht, Tennis und Cricket spielte man auf gepflegten Rasenplätzen. In dem noch heute geöffneten British Club in Las Palmas war Kanariern der Zutritt verboten; mit Vergnügen widmete man sich dort der Lektüre der ersten englischsprachigen Zeitung, *The Canary Island Gazette* und erhitzte sich an Diskussionen über jüngste patriotische Verlautbarungen des seit 1895 als Kolonialminister tätigen Joseph Chamberlain.[1] Briten besaßen eigene Büchereien, bereits 1896 wurde die Gründung eines englischen Internats erwogen. Und weil die protestantischen Briten Geld genug für den Bau eigener Kirchen und Friedhöfe hatten, konnten sie auf die Dienste katholischer Geistlicher verzichten.

Mit Genugtuung registrierte der britische Konsul Brown, daß es mehrheitlich Briten waren, die Gran Canaria besuchten: "Durch sie vervollkommnet sich die Kette, in die der Kanarische Archipel eingebunden ist: als Hafen, in dem englische Schiffe bekohlt werden; als Garten, in dem Früchte für die englische Küche produziert werden, und als Erholungszentrum, das von Engländern aufgebaut und unterhalten wird."[2]

Nur Positives wußte der Konsul über die dominierende Rolle der Briten im Tourismusgeschäft zu berichten. Während er die kanarischen Unternehmer als "träge" und wenig risikofreudig einschätzte, lobte er das Engagement der Briten, dem sich viele neue und lukrative Arbeitsplätze verdankten: "Früher oder später" würden alle Kanarier vom Aufblühen des Tourismus profitieren. Den größten Gewinn freilich, so wußte er dem Londoner Foreign Office stolz zu berichten, erzielten in jedem Fall die Briten. Von den 50.000£, die jährlich von den Touristen ausgegeben würden, flösse ein beträchtlicher Teil in die Kassen britischer Hoteliers und die Anschaffung britischer Importwaren, würden daher indirekt dem Empire zugute kommen.[3]

---

1 Für das Amt des Kolonialministers, so Chamberlain, befähigten ihn vor allem zwei Eigenschaften: " Die erste besteht darin, daß ich an das Britische Weltreich glaube, die zweite, daß ich an die britische Rasse glaube. Ich glaube, daß die Briten die größte zum Herrschen geborene Rasse sind, die die Welt jemals gesehen hat. Wenn ich das ausspreche, so ist dies keine leere Prahlerei, sondern eine Tatsache, die durch unseren Erfolg klar bewiesen ist – den Erfolg in der Verwaltung der weiten Gebiete, die mit unserer kleinen Insel verbunden sind; ich glaube daher, daß er für alle Zukunft unbegrenzt sein wird." Zit. Charles Petrie, *Die Chamberlains*, 2. Aufl., Leipzig, 1938, S. 98.

2 Ib., Bd. 2, S. 972; mit Skepsis registrierte der Konsul, daß auch Deutsche sich anschickten, die 'Inseln des ewigen Frühlings' zu bereisen; regelmäßige Schiffsverbindungen existierten zwischen Hamburg und dem Archipel seit 1895, vgl. ib., Bd. 2, S. 658.

3 Vgl. ib., Bd. 2, S. 972f.

Der kulturelle Einfluß der Briten auf Gran Canaria hinterließ Spuren in einer Vielzahl anglisierter Wörter. Der Ausdruck *Choni* (englisch: *Johnny*) steht als Synonym für alle auf dem Archipel lebenden Engländer, bei den Begriffen *queque* (englisch: *cake*) und *naife* (englisch: *knife*) sind sich die meisten Kanaren des Wortursprungs nicht mehr bewußt. *Pennis* (englisch: *pennies*) kennt man auf der Insel, seit der Ruf bettelnder Kinder nach dem 'englischen Gold' in den Straßen der Hauptstadt erscholl; Ausdrücke wie *fair-play*, *gentleman*, *tennis-court*, *basket-ball* gingen gleichfalls in den alltäglichen Sprachgebrauch der Kanarier ein.

Die Führungsrolle der Briten trug dazu bei, daß sich auf dem Archipel eine von der Peninsula abweichende Mentalität herausbildete. Stier- und Hahnenkampf, in vielen Teilen Spaniens wichtiges Element der Alltagskultur, gibt es auf Gran Canaria nicht: 1898 wurde eine 'Gesellschaft zur Verhinderung von Grausamkeit gegenüber Tieren' (*Animal Rights Group*) gegründet, die dafür sorgte, daß weder der Stierkampf noch andere Tierquälereien öffentlich geduldet werden.[1]

Bei den Schriftstellern und Intellektuellen der Insel dominierte Skepsis gegenüber der neuen fremden Macht. Vor allem die Werke Quesadas, der in britischen Banken und Kontoren angestellt war, sind reich an ironischen, oft bitteren Anspielungen und Kommentaren.[2] Die eigenen Landsleute werden von der Kritik nicht ausgenommen. Sie haben es zugelassen, schreibt er, daß sich 'britische' Pünktlichkeit gegen 'kanarische' *Mañana*-Mentalität durchgesetzt habe und seien gar, sofern sie es sich leisten könnten, dazu übergegangen, die mußevolle Siesta dem sterilen *high tea* zu opfern. Die Logik kapitalistischer Rationalität wird den Briten als nationale Vorliebe unterstellt, hilflos hält der Autor fest an liebgewonnenen Gewohnheiten.

Zerfall des spanischen Kolonialreichs

Die Befreiung Kubas und Puerto Ricos, hatte Simon Bolívar verkündet, müsse einmünden in die Befreiung auch der restlichen Kolonien Spaniens, sowohl der Philippinen als auch der Kanarischen Inseln. Im Jahr 1898 hatte es den Anschein, dieser Wunsch würde Wirklichkeit. Mit Hilfe der militärischen Unterstützung der Vereinigten Staaten gelang es den Antilleninseln Kuba und Puerto Rico sowie den Philippinen, die politische Abhängigkeit von Spanien abzustreifen - eingetauscht wurde sie gegen die ökonomische Bevormundung durch die USA.

---

1 Vgl. ib., Bd. 2, S, 532.

2 Fündig wird der Leser vor allem in den Erzählungen 'Smoking Room' und 'Los ingleses de la colonia', in: Alonso Quesada, *Smoking Room (Cuentos de los ingleses de la colonia en Canarias)*, Obra Completa, Bd. 5, Las Palmas, 1986.

Der Kanarische Archipel, Szenario des von Simon Bolívar prognostizierten vierten Kriegsschauplatzes, wurde derweil zur Festung ausgebaut. In Madrider Regierungskreisen herrschte Nervosität: mit wem würde die Inselbevölkerung im Konfliktfall sympathisieren? Ein Blick in die jüngere Geschichte ließ an der gewünschten Loyalität gegenüber der Krone Zweifel aufkommen.

1762 hatte es einen ersten Versuch gegeben, die spanische Staatsangehörigkeit abzustreifen: Bewohner Gomeras revoltierten gegen die feudale Herrschaft und forderten den Anschluß der Insel an Großbritannien.[1] Vierzig Jahre später hoffte die französische Regierung von der Unzufriedenheit auf der Nachbarinsel La Palma profitieren zu können. Außenminister Talleyrand erwog eine Annexion der Insel[2] doch nahm er von dem Plan Abstand, als sich wenig später ein Neutralitätsabkommen mit Spanien abzeichnete. Und auch auf Gran Canaria brodelte es: Als im Jahr 1822 in Madrid beschlossen wurde, Santa Cruz de Tenerife zur Hauptstadt des Archipels zu deklarieren, reagierten die Bürger Gran Canarias mit der Forderung, der Insel solle der Anschluß an Venezuela ermöglicht werden – jenem Land, in dem sich bis zu diesem Zeitpunkt besonders viele kanarische Emigranten niedergelassen hatten.[3] In einer offiziellen Erklärung vom 10. Dezember 1827 suchte der in Santa Cruz ansässige Generalkapitän der Kanarischen Inseln Francisco Tomás Morales alle Zweifel an der Loyalität der kanarischen Bevölkerung zu zerstreuen. Die Kanarier, schrieb er, seien immun gegen den amerikanischen Bazillus der Revolution; physisch wie auch moralisch seien sie außerstande, die traditionellen Treuebande zur Krone zu lösen. Zu dieser Erklärung sah sich der Generalkapitän genötigt, nachdem der spanische Botschafter in London Graf de Ofalio ein mögliches Erstarken kanarischer Separatisten nicht hatte ausschließen wollen und auch der amerikanische Botschafter in Madrid der Sorge seiner Regierung Ausdruck verliehen hatte, die Inseln könnten sich unabhängig erklären, um sich alsdann dem Schutz der britischen Regierung anzuvertrauen.[4]

1895 erscholl in den letzten amerikanischen Kolonien Spaniens das Startsignal zum Unabhängigkeitskrieg. Von Kuba, wo die Kubanische Revolutionäre Partei unter Führung José Martís den Kampf gegen die spanische Armee aufnahm, breitete sich der Aufstand im Folgejahr auf die Philippinen aus. Die

---

1 Vgl. Francisco Morales Padrón, "El nacionalismo canario y sus vinculaciones con América", *Canarias y América*, Hg. Morales Padron, Madrid, 1989, S. 174.

2 Vgl. Pérez Rodríguez, *Los extranjeros*, S. 134.

3 Vgl. ib., S. 173f.

4 Vgl. Manuel de Paz Sánchez, "Corsarios insurgentes en aguas de Canarias (1816–1828)", *VIII Coloquio de Historia Canario-Americana (1989)*, Bd. 1, Hg. Morales Padron, Las Palmas, 1990, S. 689f.; eine separatistische Partei, die für den Anschluß an Großbritannien agitierte, wurde im Jahr 1873 registriert, vgl. Morales Padrón, "El nacionalismo canario", S. 174.

amerikanische Regierung unterstützte die Rebellen, erhoffte sich leichteren Zugriff auf die ökonomischen Ressourcen der Karibik durch Ausschaltung der spanischen Präsenz. Schon früh wurde der Kanarische Archipel in die Vorüberlegungen für einen gegen Spanien zu richtenden Krieg einbezogen. Am 17. Dezember 1896 legte das Oberkommando der amerikanischen Seestreitkräfte der Regierung einen Plan vor, der die Besetzung der Kanarischen Inseln vorsah, um von einer dort errichteten Operationsbasis die Marinestützpunkte auf dem spanischen Festland angreifen und zerstören zu können. Nach Abschluß des Krieges sollte der für die USA dann funktionslos gewordene Archipel an Großbritannien verkauft werden.[1]

Im Februar 1898 kam es zum Beginn offener Kriegshandlungen zwischen Spanien und den USA. Auf dem Kanarischen Archipel wuchs die Unruhe. Spanien, so wußte man, befand sich in einer geschwächten Position, war aufgrund des von der Regierung praktizierten Isolationskurses nicht eingebunden in die bestehenden europäischen Allianzen. Wie würde sich die Bevölkerung im Falle einer Besetzung durch amerikanische Truppen verhalten? Zur allgemeinen Nervosität trug bei, daß immer häufiger Exemplare der Zeitung *El Guanche* auftauchten; die Autoren der 1897 erstmals herausgegebenen Publikation waren nach Venezuela emigrierte Kanarier, die sich mit den prähispanischen Einwohnern des Archipels identifizierten und sich wie diese als Opfer spanischer Politik begriffen.[2]

Als im April auf dem Archipel vier spanische Bataillone unter dem Oberbefehl von General Segura eintrafen, verstieg sich die lokale Presse zu patriotischem Jubelgesang: "Seid willkommen, tapfere Verteidiger unseres Landes, edle und unbesiegbare Soldaten Spaniens!"[3] Doch die Soldaten brauchten nicht in Aktion zu treten, die amerikanische Marine ließ von den Angriffsplänen ab. Am 20. Mai berichtete der Londoner *Daily Telegraph*, die Vereinigten Staaten würden den Archipel aus Rücksicht auf die dort konzentrierten wirtschaftlichen Interessen der Briten nicht bombardieren. Dies sei der Inhalt eines Schreibens, das dem britischen Konsul in Teneriffa von seiner Regierung zugegangen sei. Der Autor des *Diario de Tenerife*, der für die Kriegsberichterstattung jener Monate zuständig war, wollte freilich britischer Diplomatie

---

1 Vgl. "Por donde España será vulnerable", *Diario de Tenerife* (19. April 1898), S. 1 und "Para nuestra defensa", *Diario de Las Palmas* (6. Mai 1898), S. 1; die Zeitungen nahmen Bezug auf Pläne, die kurz zuvor in der amerikanischen Zeitung *The World* veröffentlicht worden waren.

2 Führender Kopf der Gruppe war Segundino Delgado; vgl. Domingo Garí-Montllor Hayek, *Historia del nacionalismo canario*, Las Palmas / Santa Cruz, 1992, S. 38.

3 "Bien Venidos", *Diario de Las Palmas* (14. April 1898), S. 1; zur Umsetzung der Verteidigungspläne vgl. Aktenvermerke der Stadtverwaltung von Las Palmas, vorgestellt in: Julio Hernández García, *La invasión frustrada de los EEUU. en Canarias en 1898*, Las Palmas, 1984, S. 19f.

nicht zu Dank verpflichtet sein. Die Kanarier, schrieb er stolz, hätten es keinesfalls nötig, sich als patriotische Spanier dem Paternalismus der britischen Schutzmacht zu unterstellen.[1]

Einige Wochen später geriet der Archipel abermals in die internationalen Schlagzeilen. Am 12. Juli drängte das britische Parlament Lord Salisbury, umgehend Verhandlungen mit der spanischen Regierung bezüglich des Kaufs sowohl der Kanarischen Inseln als auch Fernando Poos einzuleiten.[2] Zu diesen Gesprächen kam es freilich nicht mehr: bereits sechs Tage später, am 18. Juli, wurden die Kampfhandlungen zwischen Spanien und den USA eingestellt: Kuba und Puerto Rico erlangten die Unabhängigkeit, überdies verlor Spanien die Philippinen und Guam, für die es aber von der amerikanischen Regierung eine Kompensation in Höhe von 20 Millionen Dollar erhielt.[3] Die aus Kuba abgezogenen spanischen Militäreinheiten konnten nun ausschließlich für den Schutz des atlantischen Besitzes eingesetzt werden. Nach dem Verlust der überseeischen Kolonien war man in Spanien ängstlich darauf bedacht, wenigstens den Kanarischen Archipel und die westafrikanischen Besitzungen zu halten. Die von der spanischen Regierung begonnenen Kontaktgespräche mit Frankreich zwecks möglicher Übergabe der Inseln wurden abgebrochen, die von den Briten anvisierten Verhandlungen gar nicht erst eingeleitet. Das gleiche Schicksal war dem Vorstoß der Belgier beschieden. Durch den käuflichen Erwerb des Archipels rechnete sich das belgische königseigene Kongo-Unternehmen (*Société Anonyme Belge pour le Commerce du Haut-Congo*) Vorteile bei der Abwicklung seiner Geschäfte in der afrikanischen Kronkolonie aus.[4]

Vom 12. August 1898 ist eine Note überliefert, die der Staatssekretär des Auswärtigen Amtes Freiherr von Richthofen dem deutschen Botschafter in Madrid Joseph von Radowitz zukommen ließ. Dessen Mitteilung, Spanien habe den Wunsch, "den Rest seiner Kolonien vorteilhaft zu verwerten", sei, so erfahren wir, "für die Regierung Seiner Majestät des Kaisers" von größter Bedeutung.

---

1 Vgl. Zenjime, "Nos perdonan la vida", *Diario de Tenerife* (31. Mai 1898), S. 1.

2 Vgl. Ramon Felipe González u.a., *La prensa burguesa en Canarias ante la guerra de Cuba*, Santa Cruz, 1986, S. 54; Fernando Poo und Annobón gehörten seit 1777 zu Spanien, das die westafrikanischen Inseln von Portugal im Tausch gegen Río Grande do Sul im heutigen Brasilien erhalten hatte.

3 Vgl. Gervase Clarence-Smith, "The Economic Dynamics of Spanish Imperialism: 1898–1945", *II Aula Canarias y el Noroeste de África (1986)*, Hg. V. Morales Lezcano, Las Palmas, 1986, S. 17.

4 Vgl. González u.a., *La prensa burguesa*, S. 53f.; von dem Vorstoß hofften auch zwei weitere nominell belgische Kongo-Unternehmen zu profitieren: Die Compagnie Belge du Congo gehörte mehrheitlich Elder Dempster, die Societé Maritime du Congo der deutschen Woermann-Linie; vgl. Davies, *The Trade Makers: Elder Dempster in Westafrica 1852–1972*, London, 1973, S. 129f.

> Ew. wollen daher die Frage fortgesetzt im Auge behalten und alles berichten, was geeignet ist, Klarheit über etwa vorhandene Projekte hinsichtlich Verkaufs spanischer Kolonien, sei es Philippinen- oder Sulu-Inseln, sei es Karolinen- oder sonstige Südsee-Inseln, sei es Fernando Poo oder Kanarische Inseln zu geben.[1]

Der Kanarische Archipel wurde allerdings nicht auf die Verkaufsliste gesetzt. Am 8. Dezember 1898 signalisierte der Madrider Botschafter in einem Telegramm ans Auswärtige Amt: "Wegen Erwerbung von Fernando Poo und einer der Kanarischen Inseln ist gegenwärtig noch nichts zu machen." Doch einem Verkauf der Pazifikarchipele, so heißt es im Folgesatz, wolle sich die spanische Regierung nicht widersetzen. Lediglich das Königshaus verhalte sich vorerst noch abwartend. Es bestehe die Furcht, "daß nach Abmachung mit uns England seinerseits eine Position auf Kanarischen Inseln verlangen resp. erzwingen werde."[2]

Am 19. Juni gaben die spanischen *Cortes* die endgültige Zustimmung zu einem Abkommen mit dem Deutschen Reich, worin sich dieses bereiterklärte, für den Erwerb zweier Pazifikarchipele der spanischen Regierung eine Summe von 25 Millionen Peseten zu zahlen. Bei den Inselgruppen handelte es sich um die von Bismarck bereits 1885 beanspruchten Karolinen und Marianen.[3]

Daß Spanien den politischen Zugriff auf die Kanarischen Inseln zu wahren wußte, ist – so läßt sich resümieren – auf eine Verkettung von Umständen zurückzuführen:

1. Ein Aufstandsversuch der Bevölkerung nach kubanischem Muster fand auf dem Archipel nicht statt.

2. Der Plan der Vereinigten Staaten, die Kanarischen Inseln zu besetzen, brauchte aufgrund der raschen Niederlage spanischer Truppen in Kuba nicht realisiert zu werden.

3. Großbritannien beschied sich damit, die Inseln ökonomisch zu beherrschen.

4. Deutschland hatte sich zufrieden geben müssen mit dem Erwerb von Pazifikinseln, war vorerst nicht stark genug, in Nordwestafrika Fuß zu fassen.

---

1 *Die große Politik der europäischen Kabinette: Sammlung der Diplomatischen Akten des Auswärtigen Amtes 1871–1914*, Bd. 15: *Rings um die Erste Haager Friedenskonferenz*, Berlin, 1924, Nr. 4168, S. 73.

2 Ib., Nr. 4185, S. 89; Skepsis bezüglich des möglichen Kaufs der Atlantikinseln war bereits im Schreiben vom 5. Dezember 1898 geäußert worden, vgl. ib., Nr. 4184, S. 88.

3 Eine Marianeninsel jedoch, die Insel Guam, blieb den USA überlassen; vgl. María Dolores Elizalde Pérez-Grueso, *España en el Pacífico: La colonia de las Islas Carolinas 1885–1899*, Madrid, 1992, S. 249.

Nach 1898: *Business as usual?*

Business as usual: so lautete die Devise der britischen Geschäftsleute nach dem Krisenjahr 1898. Die Kanarier spielten mit, doch nicht mehr so uneingeschränkt enthusiastisch wie zuvor. Vor allem eine Frage beunruhigte sie: Wie war die britische Präsenz einzuschätzen? Der Autor Quintana Navarro unterscheidet um die Jahrhundertwende zwei Reaktionsweisen, die der Anglophilen und der Anglophoben.[1] Die Anglophilen verwiesen auf die großen Vorteile, die die Kanarier in der Vergangenheit aus der britischen Präsenz geschöpft hätten. Gran Canaria sei ein internationaler Verkehrsknotenpunkt, ein Anbaugebiet für neue landwirtschaftliche Exportprodukte und ein Urlaubsort für privilegierte Touristen geworden. Das Vorbild britischer Firmen habe die kanarischen Grundbesitzer zu innovativen Anstrengungen gezwungen und sie ermutigt, in die Entwicklung von Bananenplantagen und den Ausbau der Wasserversorgung zu investieren.

Kritiker der britischen Präsenz machten eine Gegenrechnung auf. Miguel Curbelo Espino, größter kanarischer Hafenunternehmer, beklagte, der mit spanischen Geldern errichtete Puerto de la Luz diene nicht in erster Linie einheimischen, sondern ausländischen Interessen: Nur 3,3% aller einlaufenden Dampfschiffe waren assoziiert mit kanarischen Hafenunternehmen, und während die Grand Canary Coaling Company ihren Bestand von 19 Schlepp- und Lastschiffen im Jahr 1895 auf insgesamt 30 fünf Jahre später erhöhen konnte, mußte sich die bedeutendste kanarische Hafengesellschaft Compañía Explotación im gleichen Zeitraum mit nur einem Schiff begnügen; auch verfügte kein kanarisches Unternehmen über ein eigenes Kohledepot.[2]

Bei Bedarf nutzte das Foreign Office den Hafen von Las Palmas als Basis für die britischen Seestreitkräfte. So waren während des Kampfes um die Vorherrschaft in der Kapkolonie (1899–1904) britische Marineverbände dauerhaft in Puerto de La Luz präsent. In der Zeitung *El Liberal* schrieb Joaquín Dicenta, der Archipel sei eine "englische Kolonie, deren Kosten unsere Nation bestreitet und deren Nutzen das britische Imperium genießt."[3] Der Schriftsteller Miguel de Unamuno, längere Zeit auf dem Archipel ansässig, teilte diese Auffassung; er beschrieb Las Palmas als "schöne spanische Stadt", die eine "große Fabrik" zu werden drohe, "beherrscht" von einer Handvoll ausländischer Firmen.[4]

---

1 Vgl. Francisco Quintana Navarro, *Barcos, negocios y burgueses en el Puerto de la Luz 1883–1913*, Las Palmas, 1985, S. 155f.

2 Vgl. ib., S. 58.

3 Zit. nach Brito González, *Historia contemporánea: Canarias 1876–1931*, S. 93.

4 Miguel de Unamuno, *Por tierras de Portugal y de España*, Buenos Aires, 1941, S. 178.

Das britische Unternehmen Elder Dempster schickte sich derweil an, zum Teilhaber des weltweit größten Früchteexporteurs, der nordamerikanischen United Fruit Company aufzusteigen.[1] Noch vor der Jahrhundertwende gelang es Elder Dempster & Co., auf den Plantagen Jamaikas und Costa Ricas wohlschmeckende Bananen zu produzieren, die auf den europäischen Märkten zu niedrigeren Preisen als die kanarischen *plátanos* angeboten werden konnten.

Auf dem Archipel reagierte man mit Verbitterung auf die durch das britische Unternehmen ausgelöste Konkurrenz. "Das Unternehmen Elder Dempster", hieß es im Leitartikel von *La Opinión*, "ist sich offenbar nicht der Tatsache bewußt, daß es auf dem Archipel wichtige Interessen vertritt, und es vergißt, wieviel es diesem gastfreundlichen Land schuldet."[2]

Einflußreiche Inselpolitiker versprachen sich größeren Bewegungsraum für kanarische Interessen, wenn eine auswärtige Macht auf dem Archipel präsent würde, die sich in Konkurrenz zu Großbritannien stellte. Luis Morote, kanarischer Abgeordneter in Madrid, propagierte deshalb eine wirtschaftspolitische Neuorientierung. Er verlangte, verstärkt nichtbritischen Unternehmen Konzessionen für Kohledepots und Lagerhallen zu erteilen, damit die Kanarier "der Gefahr entfliehen, in der Hand nur einer Macht zu sein".[3] Vor allem Handelsunternehmen und Regierungskreise aus Deutschland waren es, die solche Meinungsbekundungen erfreut zur Kenntnis nahmen.

Konkurrent Deutschland

Bereits kurz nach der Einigung von 1871 begann sich das Deutsche Reich am Kampf um die Aufteilung der Welt zu beteiligen. In den Jahren 1884–85 wurden erstmalig afrikanische Territorien (Togo, Kamerun, Südwestafrika) dem deutschen Herrschaftsbereich unterstellt. Die koloniale Expansion erstreckte sich rasch auch auf den pazifischen Raum, wo Deutschland die Salomon-, Bismarck- und Marschall-Inseln annektierte und an der Nordostküste Guineas das Kaiser-Wilhelm-Land begründete. Die weitere territoriale Ausdehnung war freilich nicht allein mit diplomatischen Mitteln zu bewerkstelligen. Ab 1888, dem Jahr der Thronbesteigung Wilhelms II., wurde an allen Fronten aufgerüstet: Der deutsche Staat begann mit der Modernisierung seiner Armee und dem unverzüglichen Aufbau einer Schlachtflotte. Um das Kolonialreich abzusichern, bedurfte es maritimer Stützpunkte auf dem Atlantik,

1 Vgl. Ulises Martín Hernández, *El comercio exterior canario (1880–1920): Importación y exportación*, Santa Cruz, 1992, S. 38.

2 *La Opinión* (16. Januar 1899), S. 1; zur Reaktion der Inselpresse vgl. auch Martín Hernández, *El comercio exterior canario*, S. 37.

3 Zit. nach Manuel Espadas Burgos, "Empresas científicas y penetración alemana en Canarias: El pleito del Hotel Taro", *Anuario de Estudios Atlánticos*, Bd. 33 (1987), S. 224.

wobei sich die deutsche Regierung der strategischen Vorzüge des Kanarischen Archipels bewußt war.

In den Informationsschriften der britischen Konsuln wurde 1895 auf verstärkte deutsche Präsenz auf Gran Canaria hingewiesen.[1] Besondere Aufmerksamkeit schenkte man der Woermann-Linie, der größten an der westafrikanischen Küste operierenden Handelsgesellschaft Deutschlands, und der Hamburg-Südamerikanischen Dampfschiffahrtsgesellschaft; beide hatten in den voraufgegangenen Jahren ihren Einfluß im Hafen von Las Palmas erheblich erweitern können.[2]

Bis zum Jahr 1907 gelang es den Briten, ein weiteres Erstarken der Deutschen auf dem Archipel zu verhindern. So setzten sie sich 1902 bei der spanischen Regierung erfolgreich dafür ein, daß das Ersuchen der Deutschen, auf dem Archipel ein Kohledepot zu installieren, abschlägig beschieden würde. Auch der Versuch der deutschen Regierung 1906, ein Unterwasserkabel von Vigo über Marokko und die Kanarischen Inseln nach Westafrika und von dort nach Südamerika zu verlegen, scheiterte am britischen Einspruch.[3] Die Zielsetzung der britischen Politik war leicht zu erfassen: Es ging darum, den Archipel als wirtschaftliche Domäne zu wahren, die nach Südafrika und Südamerika führende Handelsroute ungestört aufrechtzuerhalten und die Unantastbarkeit Gibraltars zu gewährleisten.

Das Streben der Deutschen nach Machtzuwachs im nordwestafrikanischen Raum beunruhigte nicht nur Briten, sondern auch Franzosen und Spanier. Bei einem Besuch in Tanger 1905 sprach sich Kaiser Wilhelm II. für die Souverä-

---

1 Vgl. *Informes consulares británicos*, Bd. 1, S. 404–406; 'alarmierende' Informationen über das Anwachsen deutschen Einflusses hatte bereits das britische Foreign Office 1892 veröffentlicht: der Importanteil deutscher Waren war von 1,5% im Jahr 1869 auf 15% im Jahr 1890 gestiegen; der britische Anteil zum Vergleich: 1869 24,5%, 1890 50%; vgl. Foreign Office, *Spain: Report on the Social and Economic Conditions of the Canary Islands*, Miscellaneous Series Nr. 246, London, 1892, S. 36.

2 In der spanischen Kolonie Fernando Poo wurde Woermann 1884 ein Kohledepot gewährt, nicht jedoch auf dem Archipel. Der Kaufmann Woermann war zugleich Abgeordneter des Reichstags und drängte die deutsche Regierung zu einer aktiven Kolonialpolitik. Zu seinen handelspolitischen Aktivitäten im Kongo und in Liberia vgl. Horst Gründer, *Geschichte der deutschen Kolonien*, 2. Aufl., Paderborn, 1991, S. 82 und Werena Rosenke, "Das Elend ist ein Meister aus Europa: Aspekte des europäischen Kolonialismus in Afrika", *Warum Montezuma nicht Europa entdeckt hat*, Hg. Peter Wahl, Köln, 1991, S. 60.

3 Vgl. José Arribas Martín, "El estrecho de Gibraltar, los archipiélagos españoles y los intereses británicos, 1898–1918", *II Aula Canarias y el Noroeste de África (1986)*, Hg. Morales Lezcano, Las Palmas, 1988, S. 433; als Begleitmusik zur britischen Angst vor Konkurrenz läßt sich die Tatsache bewerten, daß sich die englische Presse nach dem Ankauf einiger kanarischer Hotels durch Deutsche zum Urteil verstieg, der Archipel würde Opfer einer "germanischen Invasion"; vgl. Lesimay, "Los alemanes en las Islas Canarias", *Las Canarias y nuestras posesiones africanas* (19. Februar 1906), S. 2.

nität des marokkanischen Sultanats aus; er verknüpfte dies mit dem Wunsch, das Land möge sich zukünftig für eine friedliche Konkurrenz aller Nationen öffnen. Ein Jahr später, auf der Konferenz von Algeciras, ging Deutschland einen Schritt weiter und überraschte die Ententemächte mit der Erklärung, es beanspruche das Gebiet um Mogador an der westafrikanischen Küste. Der spanische Präsident, so ist überliefert, protestierte spontan: "Spanien kann nicht zulassen, daß die Deutschen sich dort etablieren – Mogador ist der Schlüssel zu den Kanarischen Inseln."[1]

Spanien besaß afrikanische Besitzungen in Ceuta und Melilla, Fez, Rio de Oro, Fernando Poo, Annobón und Äquatorial-Guinea. Die wirtschaftliche Situation des Landes war prekär: Mit der Loslösung der amerikanischen Kolonien hatten spanische Industrielle ihren wichtigsten Absatzmarkt verloren, und obgleich es der Regierung 1898 gelungen war, mit den USA einen Vertrag auszuhandeln, wonach wenigstens der kubanische Markt Spaniern und Nordamerikanern für die Dauer von zehn Jahren gleichermaßen offenstehen sollte, waren die spanischen Exporte um 50% geschrumpft.[2]

Im Wissen um die ökonomische und politische Schwäche Spaniens waren Franzosen und Briten gemeinsam bestrebt, den Spaniern ein kategorisches Nein zur Überlassung maritimer Infrastruktur an den deutschen Rivalen abzutrotzen. Den Spaniern sollte das Gefühl vermittelt werden, nur im Bündnis mit Frankreich und Großbritannien sei der Besitz ihrer Inseln gesichert, jeder Angriff Deutschlands würde militärisch beantwortet.

Die spanische Regierung war sich ihrer Abhängigkeit von den beiden um das 'Heil' der Inseln besorgten Schutzmächte bewußt, wollte aber in Erinnerung an die britische Politik von 1898 ihr Schicksal nicht gänzlich mit dem der Allianz verkoppeln. Am 16. Mai 1907 kam es deshalb nicht zu einem Vertrag, sondern lediglich zur 'Deklaration' von Cartagena, in der die drei Mächte ihren Wunsch nach stärkerer Zusammenarbeit bei der Abwehr ausländischer Interessen bekundeten.[3]

Der Balanceakt der spanischen Regierung, ihr Verzicht auf eine klare, eindeutige Position erlaubte es Deutschland, sich in den Folgejahren auf dem Archipel zu etablieren. 1908 wurde den Deutschen das Recht eingeräumt, ein eigenes Kohledepot in Las Palmas einzurichten, und noch im gleichen Jahr gründete der deutsche Konsul Jacob Ahlers eine Hafengesellschaft, die mit der Oldenburg-Portugiesischen Dampfschiffsreederei zusammenarbeitete und den

1 Zit. nach Arribas Martín, "El estrecho de Gibraltar", S. 431; Mogador, das heutige Essouira, war ein wichtiger Handelsplatz etwa 100 Kilometer nördlich Agadir; die Stadt verfügte über einen natürlichen Hafen, der sich hervorragend als Basis für die im Ostatlantik operierenden Fischereiflotten eignete.

2 Vgl. Clarence-Smith, "The Economic Dynamics", S. 19.

3 Vgl. Arribas Martín, "El estrecho de Gibraltar", S. 431.

Früchteexport nach Deutschland organisierte. Binnen weniger Jahre vervielfachte sich die Zahl der einlaufenden deutschen Handelsschiffe, Hamburg wurde größter Abnehmer kanarischer Bananen.[1] Ein weiterer wichtiger Erfolg war Deutschland 1909 beschieden. Nach siebenjähriger Wartezeit gelang es der Deutsch-Südamerikanischen Telegrafengesellschaft, die spanische Zustimmung zu einem von Emden über Teneriffa nach Westafrika führenden Kabel zu erlangen: Deutschland wurde damit von den von englischen Firmen bereitgestellten Verbindungen unabhängig.

Deutsche Unternehmer waren sogleich an weitergehenden Investitionen interessiert. So weihten sie in Puerto Orotava ein Kurhotel ein, das nach dem Naturforscher Alexander von Humboldt benannt war, von dem man weiß, daß er 1799 die Insel Teneriffa bereiste. Außerdem entstand in der Nähe des Teide ein imposantes meteorologisches Forschungszentrum. Als freilich deutsches Militär den Auftrag übernahm, zwanzig Zylinder Wasserstoff für Wissenschaftsexperimente auf den Archipel zu transportieren, reagierte die spanische Regierung verstört; sie zeigte sich beunruhigt über die Affinität naturwissenschaftlicher zu militärischer Forschung und beauftragte kanarische Verwaltungsstellen, die Arbeit der deutschen Wissenschaftler zu überwachen.[2]

Im Juli 1911 wurde das Mißtrauen offen artikuliert. In diesem Monat ließ die deutsche Regierung das Kanonenschiff 'Panther' und das Kreuzschiff 'Berlin' auf dem Archipel stationieren, um von hier aus die Besetzung Agadirs in Angriff zu nehmen. Die lokale Presse reagierte gereizt; ein ökonomisches Gegengewicht gegenüber den Briten war den Kanariern willkommen, nicht jedoch der Truppenaufmarsch einer auswärtigen Macht. "Ein Hafen militärischen Charakters an der saharischen Küste würde kanarische Interessen nachhaltig bedrohen", schrieb am 30. Juli die Zeitung *Las Canarias y nuestras posesiones africanas* und verwies dabei auf französische Presseberichte, wonach die Deutschen von Agadir leicht die Insel Lanzarote und von dort den gesamten Archipel einnehmen könnten.[3]

Eine Woche später war die Operation bereits vollzogen. Deutsche Truppen okkupierten die Stadt Agadir sowie den nahegelegenen Hafen Mogador. Begründet wurde die Besetzung mit der im Juni erfolgten Inbesitznahme von Larache durch spanische Heereseinheiten – ein deutliches Indiz für die angespannte Situation in Nordwestafrika. In der Folge wurden deutsche Wirtschafts- und Handelsvertreter von spanischen Politikern wenig ermutigt, ein

---

1 Vgl. Jorge Alberto Liria, "Canarias, plataforma de apoyo colonial a principios del presente siglo", *Diario de Las Palmas* (14. Dezember 1992), S. 53.

2 Vgl. Espadas Burgos, "Empresas científicas", S. 227–232.

3 Zit. Ulises Martín Hernández, *La presencia extranjera en Tenerife: Un enfoque sociológico (1880–1919)*, La Laguna, 1990, S. 30.

'gesundes Gegengewicht' gegen die Dominanz der Briten zu schaffen. Der Gouverneur der Kanarischen Inseln hielt es sogar für "gegenwärtig nicht angebracht", deutschen Staatsbürgern die Erlaubnis für wissenschaftliche Experimente zu erteilen; bei diesen, schrieb er, handele es sich "nicht um rein wissenschaftliche Forschung, sondern um Manipulationen anderer Art".[1]

In Las Palmas, der Hauptstadt von Gran Canaria, sorgte derweil das Machtkartell britischer Kaufleute, Großgrundbesitzer und Bankiers dafür, daß der deutsche Einfluß begrenzt blieb. Inselpolitiker störten sich an der britischen Präsenz nicht mehr, seit 1911 ihre lokalpatriotischen Ambitionen durch die Aufwertung des britischen Vizekonsulats zum Konsulat befriedigt wurden – 16 Jahre, bevor auch die Zentralregierung in Madrid dem Aufstieg Gran Canarias Rechnung trug und Las Palmas in den Rang einer Provinzhauptstadt erhob.

Niedergang des Handels im Ersten Weltkrieg

1914 eskalierte die Konkurrenz der europäischen Mächte zum offenen Krieg. Das atlantische Meer wurde unsicher, der Export kanarischer Agrarprodukte nach England und in die übrigen Länder Europas ging erheblich zurück. Aufgrund des Überangebots fielen die Preise für kanarische Früchte, obendrein verteuerten sich die Exportkosten aufgrund geschrumpfter Kohlevorräte.

De facto unterstand der Hafen von Las Palmas ab Kriegsbeginn der Kontrolle der britischen Admiralität. Ihr oblag es sicherzustellen, daß sich auf dem Atlantik Deutschland und die mit ihm verbündeten Mächte keine taktischen und strategischen Vorteile verschaffen konnten. Schon früh zweifelte das Foreign Office an der Einhaltung der Neutralität Spaniens, befürchtete, deutsche U-Boote könnten in kanarischen Gewässern aufgetankt werden. Es berief sich dabei auf Unterlagen des britischen Geheimdienstes, wonach z.B. Schiffe der norwegischen Linie Otto Thoresen deutsche U-Boote in Las Palmas mit Öl versorgten.[2] Nach Entdeckung eines im Hafen installierten Radiosenders wurde in der kanarischen Presse die Vermutung geäußert, auch jene deutschen Handelsschiffe, die seit Kriegsbeginn in Las Palmas festlägen, könnten an der Versorgung deutscher U-Boote beteiligt sein.[3] Britische Schiffe patrouillierten darauf kanarische Küstengewässer und unterzogen auch die unter neutraler Flagge fahrenden Schiffe einer rigorosen Kontrolle. Stellte sich heraus, daß sich deutsche Männer militärfähigen Alters oder für Deutschland

1 Zit. nach Espadas Burgos, "Empresas científicas", S. 227.
2 Vgl. Ponce Marrero, "El bloqueo aliado", S. 142.
3 Vgl. Anon., "¡Cuidado con Canarias!", *Las Canarias y nuestras posesiones africanas* (17. Dezember 1916), S. 1.

bestimmte Güter an Bord befanden, wurde das betreffende Schiff nach Gibraltar umgeleitet und gegebenenfalls konfisziert. Gleichzeitig riet das Foreign Office britischen Handelsfirmen, die keine direkten Beziehungen zum Kanarischen Archipel unterhielten, diesen in westlicher Richtung großräumig zu umfahren.[1]

Im Dezember 1916 verschärfte sich die Versorgungskrise des Archipels auf dramatische Weise. Die massive Präsenz deutscher U-Boote in kanarischen Gewässern brachte für die Dauer eines Jahres den gesamten internationalen Handelsverkehr mit dem Archipel zum Erliegen. "In der neutralen Welt", so der britische Konsul Croker, "gab es wohl nur wenige Häfen, die (vom Krieg) so sehr betroffen waren wie diese Inseln".[2]

In den letzten Kriegsmonaten versuchten finanzkräftige Deutsche, die durch die U-Boot-Blockade verursachte schwere Wirtschaftskrise auf dem Archipel zum Erwerb billigen Grundeigentums zu nutzen. Erste Sondierungsgespräche tätigte der Konsularbeamte Grothe im April 1918, in seinem Gefolge tauchten mehrere Handelsvertreter deutscher Unternehmen auf. Von der Hamburger Firma Dittmer ist bekannt, daß sie sich der Vermittlung der in Las Palmas ansässigen Hespérides-Gesellschaft bediente, um in den Besitz eines großen Landgutes zu gelangen. Das britische Außenministerium hegte jedoch den Verdacht, Hespérides sei ein Tarnunternehmen der deutschen Regierung und ließ Kabelgespräche und Kontaktpersonen der Firma überwachen. Dank ihrer guten Beziehungen zum lokalen Beamtenapparat gelang es den Briten, die Deutschen am Kauf fruchtbarer Landstriche zu hindern.[3]

Machtverlagerung

1919 veröffentlichte das britische Außenministerium ein Handbuch zu den Kanarischen Inseln, in dem wieder einmal ihre Vorzüge aufgelistet wurden: "Sie sind eine wichtige Kohlestation, ein blühendes Produktions- und Exportzentrum für bestimmte Früchte und ein Kur- und Erholungsort."[4] Rasch kehrten die Yeoward Brothers, Elder Dempster und andere Unternehmen an die Wirkungsstätten der Vorkriegszeit zurück, doch der alte Glanz britischer Herrschaft wollte sich nicht mehr einstellen. Großbritannien blieb zwar vorerst wichtigster Abnehmer der Agrarprodukte des Archipels, doch an kanarischen Bananen war es nur noch wenig interessiert; billiger bezog es diese

---

1 Vgl. Ponce Marrero, "El bloque aliado", S. 141f.
2 *Informes consulares británicos*, Bd. 2, S. 907.
3 Vgl. Martín Hernández, *El comercio exterior canario*, S. 59–63.
4 Vgl. Foreign Office, *Canary Islands: Handbook Prepared under Direction of the Historical Section of the Foreign Office*, Nr. 130 (London, 1919), S. 30f.

aus den Ländern Zentralamerikas, vor allem aus Jamaika, Kolumbien, Costa Rica und Honduras.

In den 20er Jahren erreichte das Handelsvolumen des Kanarischen Archipels nie wieder den Stand der Vorkriegszeit. Auffallend ist der stetige Anstieg des Exports kanarischer Bananen nach Frankreich und Deutschland, vor allem aber nach Spanien, das sich während der Regierungszeit Primo de Riveras (1922–1930) verstärkt um Reintegration der 'vergessenen Inseln' bemühte.[1] Der spanische Staat investierte in dieser Phase erhebliche Summen in die kanarische Infrastruktur. Das Straßennetz wurde von 610 auf 900 Kilometer erweitert, Stauseen sicherten eine verbesserte Wasserversorgung. 1927 wurde der Bau eines Flughafens in Angriff genommen, noch im gleichen Jahr die Hafenanlage Puerto de la Luz modernisiert. Diese übernahm jetzt die Funktion einer atlantischen Auftankstation, statt mit Kohle wurden Schiffe zunehmend mit Erdöl betrieben. Das britische Kohledepot Wilson Sons konvertierte zur Compañía Nacional de Carbones Minerales, daneben entstanden neue Erdölunternehmen wie die Guéret, Llewellyn & Merrett und die Royal Dutch Shell.[2] Die USA waren ökonomisch gestärkt aus dem Krieg hervorgegangen. Der Zugriff auf karibisches und venezolanisches Petroleum erlaubte es ihnen, mit Hilfe einer modernen, erdölbetriebenen Flotte in Westafrika präsent zu sein. Auch im Wirtschaftsleben von Gran Canaria spiegelte sich ihr gewachsener Einfluß. 1931 erwarb ein amerikanisches Konsortium das wichtigste Elektrizitätswerk der Insel, die Compañía Insular Colonial de Electricidad y Riesgos (CICER). Die Nutzungsrechte übertrug es der Chicago Electric Co., die bereits kurz zuvor das ehemals belgische Elektrowerk SELP erworben hatte. 1933 verschmolzen SELP und CICER zu UNELCO.[3]

Im Gefolge der Weltwirtschaftskrise fusionierten auch zahlreiche britische Unternehmen; die Werftbetriebe Grand Canary und Blandy vereinigten sich zu einem Großunternehmen, sechs kleinere im Hafen operierende Firmen schlossen sich zum Trust La Unión zusammen. Schmerzhaft für die kanarische Exportwirtschaft waren die von der britischen Regierung verhängten protektionistischen Maßnahmen. Im Vertrag von Ottawa verpflichteten sich die Briten, fortan dem Warenimport aus Ländern des Commonwealth absoluten Vorrang zu geben; ausländische Waren wurden mit hohen Einfuhrzöllen belegt.[4]

---

1 Vgl. Millares Cantero, "Canarias en la edad contemporánea", S. 367.

2 Guéret, Llewellyn & Merret agierte auf Gran Canaria als 'Compañía General Canaria de Combustibles', Royal Dutch Shell als 'Sociedad Petrolífera Española'; vgl. Francisco Quintana Navarro, *Trayectoria histórica del Imperio Británico en Canarias (siglos XIX y XX)*, Las Palmas, 1993, S. 11 (unveröffentlichtes Manuskript).

3 Vgl. Agustín Millares Cantero, "Sobre el papel de las compañías imperialistas en Gran Canaria: Unión, Coppa, City, Selp, Cícer, Unelco y Tranvías (III)", *Aguayro*, Nr. 100 (1978), S. 40f.

4 Vgl. Clarence-Smith, "The Economic Dynamics", S. 23.

VIII. Der Archipel als militärische Operationsbasis

Besetzung Ifnis

Aufgrund ihrer geostrategischen Lage spielte die Insel Gran Canaria 1934 abermals eine wichtige Rolle bei der Okkupation überseeischen Territoriums. Spanische Militäreinheiten unter Leitung des Obersten Capaz brachen am 9. April von Las Palmas auf, um an der saharischen Küste eine 1.700 km^2 große Enklave einzunehmen. Dabei handelte es sich um Ifni knapp südlich des 30. Breitengrades, 200 Kilometer von Rio de Oro (Spanisch-Sahara) entfernt.

Bei seiner Aktion stützte sich Spanien auf den 1860 abgeschlossenen Friedensvertrag, in dem Marokko Spaniens Recht auf Santa Cruz de la Mar Pequeña anerkannte, jenes Territorium, das Ende des 15. Jahrhunderts kurzzeitig von Kastilien beherrscht war. Allerdings war noch 1882 unklar, wo es präzis zu verorten sei. Spanien entschied sich schließlich 1900 mit dem Einverständnis Marokkos für den Küstenort Ifni: die Enklave war von großer strategischer Bedeutung, zudem gehörten die planktonreichen Fischgründe zwischen Archipel und afrikanischer Küste zu den ergiebigsten der Welt.[1] Spanien hatte in den Jahren 1911, 1919 und 1925 bereits mehrere Okkupationsversuche unternommen, die aber allesamt am Widerstand Frankreichs scheiterten. Erst als Frankreich seinen Kolonialbesitz in Marokko, Algerien und Mauretanien erweitern konnte, gestand es Spanien den neuen Stützpunkt zu – allerdings nur unter der Bedingung, daß sich keine ausländische Macht auf dem Archipel etablieren dürfe, weil sonst die französischen Verbindungen in die Kolonien Senegal und Niger nicht mehr gewährleistet seien.[2]

Franco definierte den Besitz in Nordwestafrika als unerläßliche "Rückendekkung für den Kanarischen Archipel, ohne die jene Inseln nicht überleben könnten."[3] Sie waren vor militärischen Übergriffen afrikanischer Staaten geschützt, auch stand ihnen ein 1.000 Kilometer langer Küstenstreifen zur Verfügung, um Handels- und Fischereiunternehmen anzusiedeln.

---

1 Vgl. Francisco Quintana Navarro, "La ocupación de Ifni (1934): Anotaciones a un capítulo de la política Áfricanista de la 2a República", *II Aula Canarias y el Noroeste de África (1986)*, Hg. Morales Lezcano, Las Palmas, 1988, S. 97.

2 Vgl. ib., S. 119.

3 Zit. nach Carlos Velasco Murviedro, "Papel económico de las colonias del África Noroccidental españolas en la articulación del espacio vital de España (EVE) durante la autarquía (1936–1951): El caso de Canarias", *II Aula Canarias y el Noroeste de África (1986)*, Hg. Morales Lezcano, Las Palmas, 1988, S. 88.

Staatsstreich Francos

Die republikanische Regierung in Madrid glaubte sich putschverdächtiger Generäle entledigen zu können, indem sie diese in entlegene Provinzen zwangsversetzte. Dieses Schicksal ereilte auch General Francisco Franco: am 13. März 1936 wurde er auf die Kanarischen Inseln geschickt, um den Posten des Generalkapitäns zu bekleiden.[1]

Zur Beerdigung Balmes Alonsos, des verstorbenen Militärgouverneurs von Las Palmas, kamen am 17. Juli führende Militärs des Archipels in der Inselhauptstadt zusammen. Bei den Gesprächen, die Franco mit befreundeten Generälen und dem britischen Konsul Mr. Head am Nachmittag führte, ging es um Modalitäten der geplanten Militäroperation, die den Sturz der republikanischen Regierung in Madrid herbeiführen sollte.

Noch in der folgenden Nacht wurde Boix-Roig, der Zivilgouverneur Gran Canarias, vom spanischen Informationsminsterium über drohende Putschpläne verständigt. In Franco sah man den Urheber der Aufstandsbewegung, weshalb die Aufforderung an den Zivilgouverneur erging, den Militärführer unverzüglich festzunehmen. Doch Boix-Roig kam diesem Befehl nicht nach, auch mißachtete er die Anweisung, allen Mitgliedern der Volksfront Waffen auszuhändigen.[2]

Am Vormittag des 18. Juli verließ Franco Gran Canaria, um in Tetuán den Befehl über die dort stationierten spanisch-afrikanischen Einheiten zu übernehmen. Mit Hilfe deutscher Bomber des Typs Junker 52 wurden die Truppen nahe der Meerenge von Gibraltar aufs Festland transportiert.[3] Währenddessen organisierte Francos Gefolgsmann, der gleichfalls zwangsversetzte General Orgaz die Verhaftung der Zivilregierung in Las Palmas. Die Führer der Volksfront riefen die Arbeiter über Funk zum Generalstreik auf, doch Marineeinheiten und Guardia Civil stellten sich den Heeresputschisten zur Seite und machten jeden Widerstand zunichte. Allein in den ersten Wochen nach dem Putsch kam es auf Gran Canaria zu 3.300 Festnahmen.[4] Nach offiziellen

---

1 Vgl. Juan Hernández Bravo de Laguna, *Franquismo y transición política*, Santa Cruz, 1992, S. 15f.

2 Vgl. Alexis Orihuela Suárez u.a., *De la República a la Guerra Civil en Las Palmas*, Las Palmas, 1992, S. 38.

3 Vgl. Salvador González Vázquez, "La conspiración militar de 1936 en Canarias", *IX Coloquio de Historia Canario-Americana (1990)*, Bd. 1, Hg. Morales Padrón, Las Palmas, 1992, S. 1074.

4 Vgl. Alexis Orihuela Suárez u.a., *De la República a la Guerra Civil*, S. 50; unter den Festgenommenen befanden sich auch 19 deutsche Kommunisten, vgl. José Alcaraz Abellán u.a., "Los extranjeros y la guerra civil en la provincia de Las Palmas", *VII Coloquio de Historia Canario-Americana (1986)*, Bd. 1, Hg. Morales Padrón, Las Palmas, 1990, S. 104.

Angaben wurden 213 Personen hingerichtet, der Historiker Brito schätzt die Zahl der Toten auf 3.000 bis 3.500.[1]

Die Mehrzahl der auf dem Archipel verbliebenen britischen Unternehmer begrüßte die militärische Erhebung, schien diese doch eine Lösung der 'Ordnung' in ihrem Interesse in Aussicht zu stellen. Die Niederschlagung der Arbeiterorganisationen auf Gran Canaria werteten sie als notwendige Voraussetzung für eine Gesundung der rückläufigen Geschäfte. Mr. Selley, Manager der British Bank of West Africa Ltd., bekannte rückblickend 1938, Franco sei der Ruf der Effizienz vorausgeeilt, in den verantwortlichen Kreisen habe man deshalb aufgrund seiner Aktion Hoffnung auf eine friedliche, von Wohlstand geprägte Zukunft gehegt.[2]

Diese Hoffnung erwies sich als trügerisch. Rasch fand Franco in Deutschland einen zuverlässigen Verbündeten und propagierte einen neuen wirtschaftspolitischen Kurs.[3] Den Kanarischen Inseln wurde die Funktion zugewiesen, den nationalen Markt mit Gemüse, Obst und Fisch zu beliefern; aufgrund des Rohstoffmangels in Spanien wurden sie außerdem zur Produktion von Rohbaumwolle und Gummi angehalten. Manufaktur- und Industriewaren sollten sie fortan aus Deutschland und vom spanischen Festland statt wie bisher aus Großbritannien beziehen.

Für die kanarische Ökonomie hatte dies extrem negative Konsequenzen. Die Importe verteuerten sich, denn Produkte, die von Deutschland oder der Peninsula importiert wurden, waren oft bis zu 50% teurer als britische Waren. Andererseits behielt sich die Regierung der *Falange Española* das Recht vor, kanarische Ernteerträge zu einem niedrigen Festpreis zu erwerben, um sie anschließend zu einem höheren Preis weiterverkaufen zu können. Die Gewinne aus der Preisdifferenz flossen in den Militäretat der Falange.

Unter diesen Umständen bestand für die britischen Unternehmer kein Grund, ihren Aufenthalt auf den Inseln zu verlängern. Der Exodus ward besiegelt durch das Gesetz zum Schutz der nationalen Industrie (*ley de protección a la industria nacional*), das den Anteil ausländischen Kapitals an den in Spanien operierenden Unternehmen auf 25% begrenzte. Es trat 1939 in Kraft und blieb während der gesamten Autarkiephase wirksam.

---

1 Vgl. Oswaldo Brito González, *Historia del movimiento obrero canario*, Madrid, 1981, S. 315; in Schnellverfahren der berüchtigten *Consejos de guerra* von Las Palmas wurden in der Folgezeit auch zahlreiche, aus den nordafrikanischen Kolonien deportierte Armeeangehörige zum Tode verurteilt; vgl. Miguel Suárez Bosa / José Alcaraz Abellán u.a., "La guerra civil en las colonias españolas del África occidental y Guinea (1936–1939)", *III Aula Canarias y el Noroeste de África (1988)*, Hg. Morales Lezcano, Las Palmas, 1993, S. 193–197.

2 Vgl. Francisco Quintana Navarro, "Los intereses británicos en Canarias en los años treinta: una aproximación", *Vegueta*, Nr. O (1992), S. 164.

3 Vgl. Quintana Navarro, "Trayectoria histórica", S. 15f.

Im Vorfeld des Krieges

Zwischenzeitlich suchte das durch Waffenbrüderschaft mit Spanien vereinte Deutschland seinen wirtschaftlichen und ideologischen Einfluß auf dem Archipel und in Marokko zu festigen. Startpunkt der Aktivitäten war die wenig besiedelte Insel Fuerteventura, wo der Ingenieur Günter Winter weite Teile der Halbinsel Jandía käuflich erwarb und Hermann Göring von der Attraktivität jener Region als Militär- und potentieller Industriestandort zu überzeugen wußte.

Verläßliche Stützen der Nationalsozialisten auf Gran Canaria waren Konsul Sauermann und die Lufthansaangestellten Harald Flick und Kurt Vogel. Im Provinzarchiv von Las Palmas fand Alcaraz Abellán Dokumente, die auf rege nationalsozialistische Agitation bereits ab 1935 schließen lassen. In diesem Jahr wurde in Las Palmas unter Leitung Bertrans die erste Ortsgruppe der NSDAP ins Leben gerufen. Institutionen wie die Deutsche Schule wurden schon früh in die Strategie der Verbreitung nationalsozialistischen Gedankenguts einbezogen.[1] 1937 gründete ein Lehrer der Deutschen Schule die Hitlerjugend, ein Jahr später die Leiterin des Schulkindergartens den BDM (Bund Deutscher Mädel).[2]

Erstmalig kamen in diesen Jahren auch weniger betuchte Touristen auf die Insel: Nationalsozialisten propagierten die "Demokratisierung des Reisens". In den Schiffen der vom Staatlichen Amt für Reisen, Wandern und Urlaub gebauten Flotte waren die Klassenschranken räumlich aufgehoben; es gab keine Unterteilung in erste und zweite Kategorie, und die Preise waren bewußt niedrig gehalten. Von Robert Ley, dem Leiter der 'Deutschen Arbeitsfront', ist der Satz überliefert: "Ich will, daß dem Arbeiter ein ausreichender Urlaub gewährt wird und daß alles geschieht, um ihm diesen Urlaub sowie seine übrige Freizeit zu einer wahren Erholung werden zu lassen. Ich wünsche das, weil ich ein nervenstarkes Volk will, denn nur allein mit einem Volk, das seine Nerven behält, kann man wahrhaft große Politik machen."[3] Mit dieser Dekla-

1 Vgl., José Alcaraz Abellán, *La resistencia antifranquista en las Canarias Orientales (1939–1960)*, Las Palmas, 1991, S. 29f.; die vom Autor angeführten Dokumente (AHPLP Legajos O.P. 1940 und Legajos Varios 1941) waren 1994 nicht im Provinzarchiv auffindbar.

2 In der Festschrift zum 70. Jahrestag der Deutschen Schule heißt es schönfärberisch: "Die politischen Verhältnisse in Deutschland spiegelten sich (...) natürlich auch im Selbstverständnis der damaligen Schule und ihrer Lehrer." Vgl. Joachim Heß, *1920–1990: 70 Jahre Deutsche Schule – Colegio Aleman* (Jahresbericht / Memoria 1989/90), Las Palmas, 1990, S. 32.

3 Zit. nach Rainer Schauer, "Kraft durch Freude", *FAZ-Magazin*, Nr. 584 (10. Mai 1991), S. 28; der Vorname des Leiters der 'Deutschen Arbeitsfront' ist in dem Artikel der Frankfurter Allgemeinen Zeitung in Norbert verfälscht.

ration wurde ein staatliches Interesse an privater Befindlichkeit angemeldet: Die Schaffung eines stählernen Volkskörpers erforderte die psychische Belastbarkeit jedes einzelnen Deutschen.

Für all jene Volksgenossen, die den Archipel mit Dampfschiffen der Flotte 'Kraft durch Freude' kennenlernen wollten, gab Walther Neubach im Jahr 1937 ein spezielles Reisebuch heraus. Der Autor machte sich zur Aufgabe, den Leser "von den Straßen Hamburgs und Bremens, wo jeder Stein deutsche, das heißt an Entsagungen und Kämpfen reiche Geschichte atmet", zu den "Glücklichen Inseln" zu begleiten, auf denen, wie es heißt, eine ansprechende "Lebensauffassung des Optimismus und Fatalismus" vorherrschte.[1]

Die Reiseunternehmen hatten eine doppelte Funktion: physisch sollte die Arbeitskraft der Volksgenossen regeneriert, psychisch die Eingliederung in das nationalsozialistische Kollektiv gefördert werden. Zugleich begriff man den Kanarischen Archipel als zugehörig zum germanischen Kulturkreis. Der Anspruch auf Germanisierung leitete sich aus vermeintlichem Wissen um die rassischen Merkmale der kanarischen Urbewohner ab. Größter Beliebtheit erfreuten sich die Schriften Franz von Löhers. Als Direktor des Kaiserlichen Archivs in Bayern hatte dieser 1873 auf Wunsch Ludwigs II. die Inseln bereist; dabei hatte er Einwohner mit blonden Haaren und hellen Augen entdeckt, was ihn zur Annahme verleitete, diese seien Abkömmlinge des bis Nordafrika vorgedrungenen Germanenstammes der Vandalen.

> Das herzliche Wesen der Frauen, das offene und warme bei den Männern, beides rief mir immer wieder deutsche Anklänge hervor. Unwillkürlich dachte ich daran: wenn die canarischen Inseln durch irgendeine Fügung historischer Geschichte einst unserer Seemacht, die sich ja eben erst wieder zu regen beginnt, anheimfielen; wenn wir ihrer Landbevölkerung eine gute, sorgsame Regierung, Schulen, bessere Wirthschaft und reichlichen Absatz verschafften; wenn wir diese köstlichen Erdpunkte mit dem Vollsegen bekleideten, zu welchem sie ihre äußerst wichtige Lage und ihr wunderbares Klima bestimmen, – wie lang es dann wohl dauern würde, bis diese Canarier wieder deutsch zu reden anfingen?[2]

Seine Thesen, die im 19. Jahrhundert noch von Wissenschaftlern belächelt, vom Botaniker Hermann Christ als "patriotische Phantasie" entschuldigt wurden[3] fielen in den 30er Jahren bei national gesinnten deutschen Wissenschaftlern auf fruchtbaren Boden. Anthropologen lancierten das Konzept 'Weißafrika', suchten Belege für die These einer rassischen Verwandtschaft zwischen Germanen und der hellhäutigen Bevölkerung des Maghreb und des

---

1 Walther Neubach, *Die Glücklichen Inseln*, Bielefeld / Leipzig, 1937, S. 12.

2 Franz von Löher, *Nach den Glücklichen Inseln: Canarische Reisetage*, Bielefeld, 1876, S. 310f.; im Jahr 1990 wurden auf Gran Canaria Schriften des Autors neu aufgelegt und mit einem kritischen Vorwort versehen, vgl. von Löher, *Los germanos en las Islas Canarias*, Hg. Antonio Tejera Gaspar, Las Palmas, 1990.

3 Hermann Christ, *Eine Frühlingsfahrt nach den Kanarischen Inseln*, Basel, 1886, S. 117.

Archipels. Franz von Löher, der sich in seinen Schriften ausschließlich auf den Archipel bezog, gab den Anthropologen die Denkrichtung vor: In den 'Inselgermanen' erblickte er eine überlegene, "auf Kampf und Krieg gestellte" Volksgruppe, die sich mit einem Teil der auf den Inseln lebenden "schwachen Bevölkerung von Berbern" vermischt habe.[1]

Operation Felix-Pilgrim

Das faschistische Spanien verfügte neben dem Kanarischen Archipel, Ceuta und Melilla über Besitzungen in Nordmarokko, Ifni, Spanisch-Sahara und Guinea. Nur Guinea galt als 'klassische' Kolonie: sie versorgte Spanien mit Kakao, Kaffee und Holz und stellte zugleich einen wichtigen Absatzmarkt für spanische Erzeugnisse dar. Ifni und Spanisch-Sahara verfügten zwar über reiche Fischbänke und Salzvorkommen, waren jedoch in erster Linie als 'Hinterland für die Kanarischen Inseln' von Bedeutung. Nordmarokko war vor allem strategisches Schutzschild für die Meerenge von Gibraltar.

Spanien hoffte auf die baldige Schaffung einer großen nordwestafrikanischen Kolonie, zu der Marokko, Mauretanien und Nordwestalgerien gehören sollten. Auch Südostnigerien, Nordgabun und der Kamerun wurden als zukünftige Besitzungen anvisiert. Zum Annexionsprogramm gehörte sowohl die Wiedergewinnung der 1898 verlorenen Kolonien (insbesondere der Philippinen) als auch die Einbeziehung Portugals.[2]

Der Sieg im Bürgerkrieg lag erst fünf Monate zurück, als der Zweite Weltkrieg begann. Anfangs erklärte sich Spanien für neutral, hielt es aufgrund der noch nicht konsolidierten eigenen Machtposition nicht für opportun, als Verbündeter der Nationalsozialisten sogleich offen in die Kriegshandlungen einzugreifen. Dies änderte sich im Juni 1940, als sich ein rascher Erfolg der deutschen Invasionstruppen in Frankreich abzeichnete. Franco hoffte, Spanien würde als Partner Deutschlands großzügig beim Aufteilen französischen Territoriums in Nordafrika beteiligt, streifte deshalb den Status der Neutralität ab und nannte sich jetzt 'nicht-kriegführend'. Politische Beobachter werteten dies als Zeichen für einen baldigen Kriegseintritt Spaniens an der Seite der Achsenmächte.[3]

Vorerst jedoch war die deutsche Militärführung nicht gewillt, Spanien in die Kriegsführung einzubeziehen. Deutschland hatte der national-konservativen Regierung Pétain im Kapitulationsvertrag zugesichert, die Integrität Frank-

1 Von Löher, *Nach den Glücklichen Inseln*, S. 368 u. 380.
2 Vgl. Clarence-Smith, "The Economic Dynamics", S. 17.
3 Vgl. Walther Bernecker, "Neutralität wider Willen: Spaniens verhinderter Kriegseintritt", *Kriegsausbruch 1939: Beteiligte, Betroffene, Neutrale*, Hg. Helmut Altrichter / Josef Becker, München, 1989, S. 153.

reichs würde nicht angetastet. Spanien mußte sich deshalb mit der Annexion der internationalen Zone Tanger begnügen: ein weiterer Baustein des anvisierten spanischen Kolonialreichs auf dem afrikanischen Kontinent.

Als Anfang September 1940 der Luftkrieg gegen Großbritannien nicht zum erhofften schnellen Sieg führte und die Regierung sich weigerte, Friedensverhandlungen mit Deutschland aufzunehmen, änderte Hitler seine Strategie. In einer als 'Felix' (oder auch 'Felix-Isabella')[1] bezeichneten, gegen Großbritannien gerichteten Operation wurde Spanien eine wichtige Funktion zugedacht. Erstes Ziel der Aktion war es, die britische Kronkolonie Gibraltar einzunehmen; in einem zweiten Schritt ging es darum, den Zugang zum Suezkanal zu blockieren. Die Kontrolle der maritimen Schlüsselpositionen, so glaubte man, würde es der deutschen Wehrmacht ermöglichen, den für Großbritannien vitalen Nachschub aus den Kolonien abzuschnüren und die britische Marine von den Kriegsschauplätzen am Mittelmeer fernzuhalten.

Das Foreign Office war durch die deutsch-spanische Annäherung und den möglichen Verlust Gibraltars in Alarmzustand versetzt. In Regierungskreisen kursierte ein Geheimpapier, das im Fall der Kriegsteilnahme Spaniens eine präventive Okkupation der portugiesischen Atlantikinseln vorsah.[2]

Neun Monate später mündeten diese Überlegungen in den Strategieplan 'Operation Pilgrim', der zeitgleich mit der deutschen Besetzung Gibraltars zur Anwendung kommen sollte. Nun sollten nicht nur Madeira, die Azoren und die Kapverden, sondern auch die Kanarischen Inseln annektiert werden. Der Archipel verfügte mit Puerto de la Luz über einen geeigneten Hafen zur Stationierung britischer Marine; von den modernen Flughäfen Gran Canarias und Teneriffas konnten Flugzeuge zur Sichtung deutscher U-Boote eingesetzt werden. Zugleich befand sich der Archipel in ausreichender Entfernung von den Stützpunkten der Achsenmächte in Nordafrika, war daher relativ sicher vor Luftangriffen. Im Dokument, das *Capture of the Canary Islands* (Besitzergreifung der Kanarischen Inseln) betitelt ist, werden weitere Gründe für das britische Interesse angezeigt:

> Die Zahl der Einheiten und der Schiffe, die zur Ausführung dieser Operation nötig sind, ist weitaus geringer zu veranschlagen als für Militäraktionen auf der Iberischen Halbinsel (...). Der Plan ist erfolgversprechend und stimmt mit unserer grundlegenden Strategie überein, unsere Seeverbindungen zu verteidigen anstatt einen Landkrieg auf dem Kontinent zu führen.[3]

---

1 Vgl. Morales Lezcano, *Los ingleses*, S. 197.

2 Vgl. Morales Lezcano, "Operación Pilgrim: Ocupación de Canarias por Inglaterra (1941)", *Serta Gratulatoria in honorem Juan Régulo: III Geografía e Historia*, Hg. José Luis Melena Jiménez u.a., La Laguna, 1988, S. 618.

3 War Cabinet Joint Planning Staff: "Capture of the Canary Islands (12. März 1941)", Operation 'Tonic': Operational Planning. W.O. 2953, Public Record Office.

Der Widerstand der Kanarier wurde als unerheblich eingestuft. Man wußte um Konflikte zwischen der spanischen Militärführung, der seit 1940 das Wirtschaftsleben des Archipels unterstellt war, und einer beträchtlichen Zahl kanarischer Handelsfirmen, die sich gegen die Beschränkung des Freihandels wehrten, aufgrund hoher Zollabgaben und rigider Import- und Exportvorschriften in Existenzschwierigkeiten gerieten. "Berichten zufolge", hieß es im Planungsausschuß des Kriegskabinetts, "ist die Bevölkerung zu 80% pro-britisch eingestellt. Nach dem Einmarsch ist mit einem schnellen Zusammenbruch zu rechnen und einem kleinen Sicherheitsproblem, das später zu lösen sein wird."[1]

Mit Verweis auf den möglichen Kriegseintritt Spaniens auf Seiten der Achsenmächte Deutschland und Italien wurde am 5. April 1941 auf den Kanarischen Inseln der Ausnahmezustand verhängt. Dieser währte fünf Jahre; sämtliche politischen und militärischen Befugnisse waren dem Generalkapitän unterstellt. In einem spanischen Memorandum heißt es: "Die Isolierung, in die die kanarischen Häfen durch den Krieg getrieben wurden, hat den Generalkapitän veranlaßt, Maßnahmen zum Zwecke einer möglichen Selbstversorgung des Archipels zu ergreifen."[2] Das Autarkiemodell bedeutete für die Kanarischen Inseln den endgültigen Verlust des Freihandelsstatus, Kontingierung von Ex- und Import, Einschränkung der zugelassenen Devisen und Rationierung des Verbrauchs.

Daß die Okkupation des Archipels durch britische Truppen nicht stattgefunden hat, ist vor allem auf Entwicklungen in Nordafrika zurückzuführen. Die anti-koloniale Widerstandsbewegung erstarkte und drohte den Abfall der französischen Kolonien herbeizuführen; in dieser Situation hielt es die deutsche Führung für vorrangig, das Vichy-Regime zu stützen, Spaniens Ambitionen in Nordafrika zurückzustellen. Gibraltar wurde nicht angegriffen, worauf die Briten auf die Realisierung des Operationsplans Pilgrim verzichteten.

Als sich 1943 die Überlegenheit der Alliierten abzeichnete, zog Spanien erneut den neutralen Status vor: 47.000 Soldaten der Blauen Division wurden von der deutschen Ostfront abgezogen, die Wolfram-Lieferungen an Deutschland größtenteils eingestellt. Zugleich wurde alliierten Militäreinheiten das Recht auf Benutzung spanischer Flughäfen eingeräumt.[3]

---

1 Ib.

2 "Memoria de gestión del Mando Económico", zit. nach Alcaraz Abellán, *La resistencia antifranquista*, S. 22.

3 Vgl. Bernecker / Pietschmann, *Geschichte Spaniens*, S. 335.

IX. Tourismus auf Gran Canaria: Konstruktion einer Freizeitlandschaft

Seit der britischen Präsenz auf Gran Canaria Ende des 19. Jahrhunderts verfügte die Insel über eine Reihe touristischer Unterkünfte, die sich vorwiegend in der Hauptstadt Las Palmas befanden. 1910 wurden erste lokale Institutionen gegründet, deren Ziel es war, den kanarischen Tourismus zu fördern. In den 20er und 30er Jahren wollte sich jedoch der Tourismus der Vorkriegszeit nicht wieder einstellen. Nur noch wenige Urlauber verbrachten den Winter auf der Insel, die meisten Besucher kamen auf Kreuzfahrtschiffen und fuhren nach kurzem Aufenthalt weiter nach Afrika oder Amerika. Einen stärkeren Zustrom deutscher Urlauber gab es vorübergehend in den Jahren 1937–39: die Inseln waren zu diesem Zeitpunkt bereits von Anhängern der Volksfront 'gesäubert', Touristen, die kanarische Häfen auf Dampfschiffen der deutschen Flotte 'Kraft durch Freude' ansteuerten, brauchten hier keine Zeichen des Spanischen Bürgerkrieges zu entdecken.

Eine neue Etappe touristischer Entwicklung wurde unmittelbar nach Kriegsende eingeläutet. Zur Verbesserung der wirtschaftlichen Lage besannen sich Lokalpolitiker auf Pläne zur touristischen Erschließung der Insel. Bereits 1945 wartete der Bürgermeister von Las Palmas mit dem ungewöhnlichen Vorschlag auf, die gesamte Insel dem Tourismus zu unterstellen. Im Inselsüden wollte er eine "Touristenstadt", in der Hauptstadt luxuriöse Hotels erbauen lassen; im Norden sollten Golf- und Tennisanlagen, im Zentrum eine Bergunterkunft entstehen.[1] An eine Realisierung dieser weitreichenden Pläne war vorerst allerdings nicht zu denken. Einzig fertiggestellt wurde vier Jahre später der Bau eines Hotels am Cruz de Tejeda; der staatliche *Parador* war konzipiert als Stimulus für die touristische Entwicklung der Gebirgsregion.[2]

Die Wirtschaftspolitik des Archipels blieb bis 1960 der spanischen Militärführung unterstellt. An eine Aufgabe des Autarkiemodells war vorerst nicht zu denken; Spanien war international isoliert, unterhielt ausschließlich Wirtschaftsbeziehungen mit Argentinien. Dem Kanarischen Archipel wurde die Funktion zugewiesen, den nationalen Markt hauptsächlich mit Bananen zu versorgen. Wer sich dem militärisch gesicherten Arbeitsfrieden auf den grundherrlichen Plantagen nicht zu unterstellen bereit war, suchte sein Heil in illegaler Emigration. Die meisten Ausreisewilligen fuhren nach Venezuela,

1 Vgl. Francisco Hernández González, "Bosquejo de un plan turístico para la Isla", *Isla*, Nr. 2 (1945), S. 35.

2 Vgl. Carlos Sánchez, "El turismo en Gran Canaria", *Isla*, Nr. 6 (1949), S. 3; *paradores* errichtete der spanische Staat seit 1929 in landschaftlich reizvollen Gebieten: die Bezeichnung stammt vom spanischen Wort *parada* (= Aufenthalt).

wo die Regierung im Gefolge des Erdölbooms die Modernisierung der Landwirtschaft anstrebte und hierfür zusätzliche Arbeitskräfte benötigte. Erst als der venezolanische Präsident Pérez Jiménez 1953 das franquistische Regime anerkannte, wurde die Auswanderung legalisiert.[1]

Wichtig für die spätere Herausbildung des Massentourismus wurde die Gründung von Charterfluggesellschaften im Jahr 1954. Zu günstigen Konditionen charterten wendige Reiseunternehmer funktionslos gewordene Flugzeuge aus dem Zweiten Weltkrieg und nutzten diese als Transportmittel für abenteuerlustige Touristen. Auch nahmen sie Kontakt mit Hoteliers auf, die ihnen bei Gruppenbelegung verbilligte Übernachtungspreise gewährten.[2] Für die Buchung einer solchen Reise, bei der Transport und Unterbringung im Kaufpreis inbegriffen waren, bürgerte sich die Bezeichnung 'Pauschalreise' ein.

In Westdeutschland war Dr. Tigges einer der ersten, der Pauschalreisen auf die Insel organisierte. Der Flug dauerte 1954 – mit Zwischenlandung in Madrid – 16 Stunden, Urlaubsziel war die Stadt Las Palmas.[3] Andere Reiseveranstalter zogen nach, im Jahr 1957 waren es bereits über 22.000 Urlauber, die die Insel bereisten.[4] Die damals bestaunte Zunahme der Touristenzahl war freilich gering im Vergleich zu jenen Steigerungsraten, die Gran Canaria ab 1960 verzeichnete.

Im folgenden soll untersucht werden, welchen Voraussetzungen sich der 'Massentourismus' auf dem Archipel verdankt, wer von ihm profitierte und wer sich gegen ihn wehrte.

Voraussetzungen und Mechanismen

1. Integration Spaniens in das westliche Bündnis

Anfang der 50er Jahre gelang es dem franquistischen Regime, die politische Isolation Spaniens zu überwinden. Aufgrund seiner geographischen Position an der Südwestflanke Europas wurde das Land in Zeiten des Kalten Krieges ein begehrter Partner der westlichen, antikommunistischen Allianz. Die USA gewährten dem Franco-Regime ab 1953 Wirtschaftshilfe und bezogen Spanien

---

1 Laut offiziellen Zahlen verließen zwischen 1946 und 1960 über 54.000 Kanarier die Inseln in Richtung Venezuela; vgl. José Rodríguez Martín, "La economía contemporánea (III): De la autarquía a la integración en la C.E.", *Historia de Canarias*, Bd. 4, Hg. Noreña Salto / Pérez García, Las Palmas, 1992, S. 738

2 Vgl. A. Hernández Gutiérrez, *Arquitectura y urbanismo del turismo de masas en las Islas Canarias*, Santa Cruz, 1987, S. 11f.

3 Vgl. Uwe Riedel, *Der Fremdenverkehr auf den Kanarischen Inseln: Eine geographische Untersuchung*, Kiel, 1971, S. 20f.

4 Vgl. Carlos Guitán Ayneto / Ignacio Nadal Perdomo, *El sur de Gran Canaria: Entre el turismo y la marginación*, Madrid, 1983, S. 77.

in die Militärkonzeption der NATO ein. Im Gegenzug erhielten sie Militärbasen auf spanischem Boden: Im andalusischen Rota etablierten sie ihren wichtigsten Marinestützpunkt im Mittelmeer, in Torrejón bei Madrid wurde ihnen ein Luftwaffenstützpunkt zugesprochen. Im gleichen Jahr würdigte der Vatikan die franquistische Politik als "nationalen Kreuzzug"[1] der Einfluß der Kirche in der spanischen Gesellschaft wurde gesetzlich verankert, der Katholizismus zur Staatsreligion erhoben. Zwei Jahre später erwarb Spanien die Mitgliedschaft in der UNO, die Militärdiktatur war damit vollends rehabilitiert.

Die Regierung war außenpolitisch gestärkt und konnte nach innen unangefochten herrschen. Gleichwohl mußte Franco in der zweiten Hälfte der 50er Jahre das Scheitern des Autarkiemodells eingestehen. Durch die nordamerikanischen Kredite hatte sich zwar die Warenversorgung vorübergehend verbessern können, doch war das Handelsbilanzdefizit dramatisch in die Höhe geschnellt: die Importe konnten durch keine gleichwertigen Exporte ausgeglichen werden.[2]

1959 verschlechterte sich die Versorgung des Landes derart, daß sich Franco zu einer Revision seiner Wirtschaftspolitik gezwungen sah. Im Zuge der nun einsetzenden wirtschaftlichen und politischen Öffnung wurden die Falangisten und die nationalkatholische Fraktion von den wichtigsten Ämtern durch Technokraten des Opus Dei verdrängt, die eine neoliberale Wirtschaftspolitik verfolgten.[3] Dieser Kurswechsel führte zu tiefgreifenden Veränderungen innerhalb der Gesellschaft und bahnte den Weg zur politischen Umgestaltung Spaniens von einer Militärdiktatur zur bürgerlichen Demokratie.

Im Rahmen des Stabilisierungsplans trat Spanien dem Internationalen Währungsfonds, der Weltbank und der Organisation für Wirtschaftliche Zusammenarbeit und Entwicklung (OECD) bei und wurde dafür mit Krediten in Höhe von 546 Millionen Dollar 'belohnt'. Im Gegenzug wertete die Regierung die Peseta ab, um ausländische Direktinvestitionen und spanische Exporte zu verbilligen. Die staatliche Außenhandelskontrolle wurde aufgehoben; auch wurde dem ausländischen Kapital zugesichert, die in Spanien erzielten Gewinne frei ins Ausland transferieren zu können. Die Löhne wurden auf niedrigstem Niveau festgeschrieben, 'überschüssige' Arbeitskräfte ermutigt, als Gastarbeiter ins Ausland zu emigrieren. Ihre Geldüberweisungen wurden zu einer wichtigen Devisenquelle des Staates.

---

1 Art. 19.2 des Konkordatsabkommens, zit. nach Manfred Tietz, "Concordato", *Spanien-Lexikon: Wirtschaft, Politik, Kultur, Gesellschaft*, Hg. Walther Bernecker u.a., München, 1990, S. 105.

2 Vgl. Bernecker / Pietschmann, *Geschichte Spaniens*, S. 343.

3 Das Opus Dei ist ein auf strenge Pflicht- und Arbeitsmoral eingeschworener ordensähnlicher Geheimbund, sucht die Elite des Landes (Bankiers, Unternehmer, Hochschullehrer) im Sinne eines unverfälschten Katholizismus zu agitieren.

Der Tourismus entwickelte sich zu einem Grundpfeiler der spanischen Ökonomie. Durch ihn sollten nicht nur die für die Modernisierung des Landes dringend benötigten Devisen eingenommen, sondern auch Arbeitsplätze in den nicht industrialisierten Randregionen geschaffen werden. Touristische Pläne bezogen sich anfangs auf die Mittelmeerküste von der Costa Brava bis Benidorm, später auch auf die Costa del Sol, die Balearen und den Kanarischen Archipel.

2. Schaffung ökonomischer Anreize für Investitionen im touristischen Sektor

Touristische Planung für gewinnbringendes Geschäft setzte eine adäquate Infrastruktur voraus. Dazu zählten vor allem Flughafen und ausgebaute Straßen, Anschluß an Kanalisation und Elektrizität. Staat und Gemeinde übernahmen hierfür die Finanzierung, privater Initiative blieb der Bau von Hotels und Appartementanlagen überlassen.

Aus Mangel an inländischem Privatkapital mußten spezielle Anreize geschaffen werden, die es auch Ausländern lukrativ erscheinen ließen, auf dem Archipel zu investieren. Dazu zählten Vorzugszinsen, Sonderabschreibungen und zeitlich begrenzte Steuerfreiheit auf Einnahmen im touristischen Sektor. Zusätzliche Stimuli waren die niedrigen Lohnkosten, die die Profitabilität der Kapitalanlage langfristig sicherten, und die geringe Streikbereitschaft der kanarischen Arbeiter. Noch 1971 wurde die Empfehlung, Kapital auf der Insel anzulegen, damit begründet, daß dort "Lohnkämpfe nicht mit der gleichen Hartnäckigkeit ausgefochten werden wie in mittel- und nordeuropäischen Ländern."[1]

Als besonders gewinnträchtig erwies sich Immobilienerwerb in nicht-urbanen Zonen. Spekulanten richteten ihr Augenmerk vor allem auf das Agrarland in den küstennahen Regionen des Südens. Da es als landwirtschaftlich wenig produktiv galt, war es preiswert und wurde nur gering besteuert. In den Jahren touristischen Aufschwungs machte sich der Spekulant kundig, welcher dieser Küstenabschnitte voraussichtlich in naher Zukunft zu einer Zone touristischer Entwicklung erklärt würde. In Erwartung eines baldigen Gesetzesbeschlusses, wonach das Agrar- zu Bauland deklariert würde, erwarb er das Land zu günstigen Konditionen.[2]

Die Gemeindeverwaltung hatte gewichtige Gründe, um die juristische Transformation des Bodens voranzutreiben. Durch Vergabe von Baulizenzen und Besteuerung urbanen Grundeigentums konnten höhere Gemeindeein-

---

1 Riedel, *Fremdenverkehr*, S. 204.

2 Vgl. Maria del Carmen Santana Santana, *La producción del espacio turístico en Canarias (El ejemplo del municipio de Adeje en el sur de Tenerife)*, Las Palmas, 1993, S. 128f.

nahmen erzielt, der Kapitalzufluß stimuliert werden. Die erhofften Einnahmen überboten die veranschlagten Kosten für infrastrukturelle Maßnahmen wie Kanalisation und Elektrifizierung. Urbanisierung erhöhte den Grundstückswert: Entschloß sich der Besitzer für Bebauung in eigener Regie, so flossen ihm – ergänzend zu den günstigen staatlichen Krediten – Geldmittel seitens jener Kaufinteressenten zu, die sich bereits in der Planungsphase eine Immobilie sichern wollten.

3. Vermarktung des Urlaubswunsches nach Sonne, Sand und Meer

Der wachsende materielle Wohlstand in den Industrieländern nach dem Zweiten Weltkrieg schlug sich nieder in der Erhöhung der Realeinkommen und der Verlängerung der Urlaubszeit, d.h. der bezahlten arbeitsfreien Tage. Im bundesdeutschen Urlaubsgesetz von 1963 wurde festgelegt, daß dieser Zeitabschnitt ausschließlich zur Reproduktion von Arbeitskraft bestimmt sei. Nach seinem Ferienaufenthalt sollte der Arbeitnehmer erholt, entspannt und wohlgenährt an seinen Arbeitsplatz zurückkehren. Bald konnten es sich immer größere Gruppen der Bevölkerung leisten, ihre 'kostbarsten Wochen des Jahres' außerhalb des eigenen Landes zu verbringen. Dabei begann die "Sehnsucht nach Sonne"[1] schon früh alle anderen Urlaubswünsche zu überstrahlen: Der Blick richtete sich verstärkt auf südliche Reiseziele, wo aufgrund höherer Temperaturen Bade- und Erholungsurlaub gesichert schienen.

Gran Canaria rückte in den 60er Jahren zu einem der begehrtesten Ferienziele auf. Wie Ägypten und Florida ist die Insel am 28. Breitengrad gelegen und weist das ganze Jahr über milde, frühlingshafte Temperaturen auf. Lange weiße Sandstrände säumen die Küste, Baden ist auch im Winter möglich. Die Landschaftsbilder auf der 1.532 km^2 großen Insel sind so vielfältig, daß findige Tourismusmanager den Slogan 'Gran Canaria, ein Miniaturkontinent' prägten. Um Urlauber anzulocken, besann man sich der im Atlantik angesiedelten antiken Mythen und behauptete, bereits die frühen Griechen hätten Kenntnis von der zum Urlaubsziel erkorenen Insel gehabt.

Am Wunsch des Touristen nach Sonne, Sand und Meer wird auf zweierlei Weise verdient. Ist das Spekulationsgeschäft mit der touristischen Immobilie abgewickelt, folgt deren Vermarktung im Rahmen einer Pauschalreise. Neben Bau- und Immobilienfirmen treten als weitere Nutznießer Hoteliers und Reiseveranstalter.

Hotelbesitzer reservieren Reiseveranstaltern eine zuvor festgelegte Anzahl von Betten, die in Verbindung mit Charterflug, Betreuung und Leistungsgarantie zu einem Pauschalreise-Paket zusammengestellt werden. Gran Canaria ist freilich nur eine von vielen Regionen, die über das ersehnte Gut 'Sonne,

---

1 Horst W. Opaschowski, *Tourismusforschung*, Opladen, 1989, S. 89.

Sand und Meer' verfügen und um die Gunst ausländischer Reiseveranstalter buhlen. Gewähren die Hoteliers im Anbieterland keine günstigen Konditionen, so laufen sie Gefahr, wie es in der Fachsprache heißt, 'substituiert' zu werden. Reiseveranstaltern ist es ein Leichtes, die Offerten verschiedener Regionen gegeneinander auszuspielen und die Touristenströme zwecks Steigerung eigener Gewinnquoten zu verschieben. Letzteres ist nur möglich, weil Reiseveranstalter in der Regel nicht in touristische Infrastruktur investieren, hieße dies doch, Kapital zu binden und weniger flexibel auf bestimmte politische und ökonomische Entwicklungen reagieren zu können.

Nicht nur rivalisierende Regionen, auch die konkurrierenden Hoteliers vor Ort werden einander verglichen: Wo scheint das Preis-Leistungs-Verhältnis am günstigsten, wo werden dem Reiseveranstalter die günstigsten Verträge angeboten? Damit das Ringen um Profit einen günstigen Ausgang nimmt, ist der Veranstalter daran interessiert, daß am Urlaubsort eine möglichst hohe Bettenzahl existiert. Häufig gelingt es ihm, eine besondere Form von Verträgen durchzusetzen. Nicht die Kosten für die Zahl der Reservierungen werden übernommen, sondern nur die für die tatsächlich in Anspruch genommenen Leistungen; d.h., der Veranstalter erwirbt ein möglichst großes Kontingent von Betten, ohne Gefahr zu laufen, bei einem möglichen Ausbleiben von Touristen für die entstandenen Kosten aufkommen zu müssen.

Verwirklichung touristischer Pläne 1960 – 1973

1. Projekt Las Palmas

Beste Voraussetzungen für eine schnelle touristische Erschließung bot die Hauptstadt Las Palmas. Westlich der Landenge von Guanarteme verfügte sie über den vier Kilometer langen Canterasstrand, an der Ostseite warb sie mit der feinsandigen Alcaravaneras-Bucht. Das engmaschige Straßennetz zwischen den Stränden war, wenn man von vereinzelten Schiffereikontoren absieht, unbebaut. Touristen konnten in Las Palmas ihren Strand- und Badeurlaub überdies mit der Befriedigung kultureller Bedürfnisse verbinden: In dem sechs Kilometer entfernten Altstadtviertel Vegueta befanden sich die interessantesten Sehenswürdigkeiten der Insel. Vom kolonialen Ursprung der Stadt künden das Kolumbushaus, das Gran Canarias Rolle bei der Erschließung Lateinamerikas dokumentiert, und das Museo Canario, in dem Relikte altkanarischer Kultur aufbewahrt werden.

Es waren kanarische Unternehmen, die ab 1960 erste Unterkünfte mit Hilfe von Bankkrediten und Vorauszahlungen ausländischer Reiseveranstalter gründeten. Als sichtbar wurde, daß die Nachfrage das Angebot bei weitem überstieg, beschloß die spanische Regierung, die Insel Gran Canaria in die offizielle Tourismusförderung einzubeziehen. Sie verlieh ihr das Etikett 'Gebiet von nationalem touristischen Interesse' und garantierte den Aufbau einer modernen Infrastruktur.

Spanischen Anlegern wurden fiskalische Privilegien und öffentliche Kredite zugesichert. Wer ein Hotel erbauen oder ein Restaurant eröffnen wollte, konnte davon ausgehen, daß ihm auf 40% der Kosten ein Kredit mit niedrigen Zinsen und langer Laufzeit gewährt würde. Für die Dauer von fünf Jahren brauchten Bauherren keine Gewinnsteuer zu zahlen, und auch von der Zahlung von 50% der Einkommenssteuer blieben sie vorerst befreit. Der größte Köder war für ausländische Investoren ausgelegt. Ab 1964 benötigten diese nur 30% Eigenkapital für den Erwerb von Grundstücken und Häusern – für die übrigen 70% konnten sie staatliche Kredite zu den bereits aufgeführten vorteilhaften Konditionen beanspruchen (*crédito para adquisición de viviendas por extranjeros*).[1]

Die in Aussicht gestellten Vergünstigungen lösten in Las Palmas eine massive Bautätigkeit aus. Der Bodenpreis im Stadtviertel Santa Catalina schnellte innerhalb weniger Jahre von 2.000 Peseten pro Quadratmeter (1959) auf 200.000 Peseten (1965) in die Höhe.[2] An der Strandpromenade drängten sich bald Luxushotels und Appartementhäuser, in den dahinterliegenden Straßenfluchten entstanden Pensionen, Restaurants und Cafés. Schnell vermehrte sich auch die Zahl der Reisebüros und Autoverleihfirmen, der Banken und Basare.

Bald jedoch offenbarten sich auch Nachteile des Touristenstandorts Las Palmas. Die Stadt liegt im Nordosten der Insel, ist den Passatwinden ausgesetzt und deshalb nicht sonnensicher. Während der Sommermonate ist der Himmel über der Stadt vielfach bewölkt, im Winter werden zeitweilig Niederschläge registriert. Es gibt Küstenstriche auf Gran Canaria, die nicht mit diesem Manko behaftet sind, langfristig eine größere Zahl von Urlaubern anzulocken versprachen.

2. Projekt Costa Canaria

Noch in den frühen 60er Jahren konnte das Auge vom Meer über die Dünen von Maspalomas hinaufwandern zu den Bergen, ohne daß sich eine Urbanisation dazwischenschob. Nur ein Leuchtturm und die Fischerhäuser von Maspalomas bezeugten Zivilisation, die Dünen wurden von Kamelen durchzogen. Einzige Besucher des Landstrichs waren Naturwissenschaftler, die hier den Reichtum der Flora und Fauna studierten. Ältere Kanarier wissen noch von einem See zu berichten, in dem sich Süßwasserbäche des Barranco mit

---

1 Vgl. Santana Santana, *La producción del espacio turístico*, S. 136f.
2 Vgl. Riedel, *Fremdenverkehr*, S. 126.

salzigem Meerwasser mischten und eine üppige Vegetation hervortrieben. *La Charca* war dieser See genannt – ein Vogelparadies, umgeben von Palmenhainen. Turm- und Wanderfalken gab es hier, Fischadler, Seeregenpfeifer, Rennvögel und Samtkopfgrasmücken.

Bereits am 29. Juli 1960 hatte die Zeitung *Falange* gefordert, einen Touristenkomplex auf der Insel einzurichten, der das ganze Jahr hindurch in Betrieb sein könne. Der Blick richtete sich auf den verarmten Inselsüden. Mit seinen hellen Sandstränden und der wüstenartigen Dünenlandschaft bot er beste Voraussetzungen für die Realisierung dieser touristischen Pläne; jährlich ca. 300 Sonnentage garantierten optimalen Badeurlaub.

Das auserkorene Land war im Besitz eines einzigen Grundherren, des Conde de la Vega Grande, Nachkomme eines Konquistadoren. 1962 erklärte sich der Graf bereit, weite Teile seines Besitzes schrittweise zu veräußern, kurz darauf konnte mit den Bauarbeiten begonnen werden. Die geplante Siedlung war ursprünglich als Idealstadt konzipiert, sollte sich positiv von den traditionellen Wohnverhältnissen abheben. Auf dem 2.000 Hektar großen Gelände sollten Anlagen für maximal 43.200 Urlauber entstehen.[1]

Als aufgrund der Flugbahnerweiterung ab 1963 auch Düsenflugzeuge auf Gran Canaria landen konnten, stieg die Zahl der auf die Insel reisenden Touristen sprunghaft an. Noch im gleichen Jahr deklarierte die spanische Regierung die Südküste um Maspalomas – werbewirksam *Costa Canaria* getauft – zur bevorzugten Investitionszone; Immobilien- und Baufirmen konnten jetzt dank staatlicher Zuschüsse mit anlagesicheren Objekten rechnen. Die neue Entwicklung machte eine Revision des ursprünglichen Bebauungsplans notwendig. Fortan war es einzig die Nachfrage, die das Angebot regelte: neue, bisher nur landwirtschaftlich genutzte Flächen wurden in das Urbanisationsprojekt einbezogen und die anzupeilende Bettenzahl stetig vergrößert.

Daß unter den ausländischen Investoren die Deutschen eine führende Stellung erringen konnten, verdankt sich in hohem Maße dem von der Bundesregierung 1968 ratifizierten 'Gesetz Strauß'. Es begünstigte Auslandsinvestitionen im touristischen Sektor in 'unterentwickelten' Ländern. Als Gegenleistung für das 'Risiko' der Anlagen wurden hohe Steuervergünstigungen für die Dauer von 12 Jahren gewährt. Offizielle Statistiken registrierten zwar noch für das Jahr 1972 ein Übergewicht nationaler Unternehmen[2] doch ist gegenüber diesen Zahlen Vorsicht geboten: Da Ausländer nur maximal 50% des Firmenkapitals besitzen durften, nahmen sie zu einem Trick Zuflucht, um sich die

---

1 Vgl. ib., S. 150.

2 Vgl. *Introducción a un Estudio Socioeconómico del Turismo en la Provincia de Las Palmas*, Hg. Centro de Investigación Económica y Social de la Caja Insular de Ahorros de Gran Canaria, Las Palmas, 1973, S. 222.

Kontrolle des Unternehmens zu sichern. Ausländische Firmen gaben sich als kanarische aus – der Spanier, der ihnen vorstand, fungierte als Strohmann.[1]

Galt bis 1972 die Regelung, Ausländer dürften nicht mehr als 25% kanarischen Landes erwerben[2] so wurde nun aufgrund wachsenden Protestes gegen 'Überfremdung' ein Dekret erlassen, wonach es Ausländern untersagt war, Grundstücke mit einer Größe von mehr als 20 Hektar zu kaufen (*decreto sobre adquisición de terrenos por extranjeros*). Zwei Jahre später wurde der Grenzwert sogar auf 5.000 m^2 gesenkt, die auf dem Grundstück errichteten Gebäude durften nur dem Eigenbedarf dienen (*ley de inversiones extranjeras*). Furcht vor wachsendem Fremdeinfluß ließ auch das Verteidigungsministerium aktiv werden. Es setzte einen Erlaß durch, demzufolge Ausländer in der zur Sperrzone deklarierten Insel nicht mehr als 15% des Agrarlandes besitzen durften (*ley de zonas e instalaciones de interés para la defensa nacional*).[3] Dennoch erwiesen sich all diese Einschränkungen letztlich als bedeutungslos: Die Gemeindeverwaltung von San Bartolomé de Tirajana, der die größte Touristenurbanisation des Archipels unterstand, war daran interessiert, die ausländischen Investoren nicht zu verschrecken und erklärte Agrarland 'auf Anforderung' für urbanisierbar.

Innerhalb eines Jahrzehnts hatte sich die Sozialstruktur Gran Canarias fundamental gewandelt; aus der 'statischen' Agrar- hatte sich eine 'dynamische' Dienstleistungsgesellschaft herausgebildet. Waren 1950 noch 53% der Beschäftigten in der Landwirtschaft tätig, so schrumpfte ihre Zahl bis 1975 auf knapp 20%; im tertiären Sektor dagegen stieg sie von 19% auf 66%.[4]Die Großgrundbesitzer traten in der Phase touristischen Aufschwungs ihre beherrschende Position an die Immobilienspekulanten und Bauunternehmer ab. Die Söhne der Kleinbauern wanderten als Bauarbeiter in die entstehenden Touristenurbanisationen, die Töchter arbeiteten als Kellnerinnen und Zimmermädchen in den fertiggestellten Hotels. Zusätzlich wurden Tausende andalusischer und galicischer Arbeiter auf die Insel gelockt, um das Arbeitskräftereservoir in der Bauindustrie aufzustocken.

Störfaktor Nationalismus

Der Aufbau einer touristischen Industrie auf Gran Canaria war begleitet vom Entstehen einer nationalistischen Bewegung. Vor allem in Zeiten krisenhafter

---

1 Vgl. ib., S. 116.

2 Vgl. Mario Gaviria, *España a go-go: Turismo charter y neocolonialismo del espacio*, Madrid, 1974, S. 330f.

3 Vgl. Santana Santana, *La producción del espacio turístico*, S. 142f.

4 Vgl. Domingo Garí-Montllor Hayek, "Aproximación a la historia del nacionalismo canario", *IX Coloquio de Historia Canario-Americana (1990)*, Bd. 1, Hg. Morales Padron, Las Palmas, 1992, S. 942.

Entwicklung durften sie hoffen, mit ihrem Verweis auf 'ausländische Beutegier' Zuspruch bei der nach Sündenböcken Ausschau haltenden Bevölkerung zu finden.

Der Nährboden nationalistischer Ideologie ist evident: Die im Gefolge des Stabilisierungsplans eingeleiteten Maßnahmen wie uneingeschränkter Kapitalimport und freier Gewinntransfer bei abgewerteter Landeswährung und Billiglöhnen hatten die Insel in ein Investitionsparadies für ausländische Anleger verwandelt. Der 'Ausverkauf' ans Ausland war eine notwendige Voraussetzung für die Beschaffung von Kapital, das eine rasche wirtschaftliche Entwicklung ermöglichte. Dabei wurden die Investitionen dank staatlicher Subventionen vor allem in den Tourismus gelenkt; die Folge war ein auf der Insel beispielloser Bauboom. Die Vertreter der lokalen Verwaltung agierten als gehorsames Instrument des Immobilienkapitals und bezogen neue, bisher nur landwirtschaftlich genutzte Flächen in die Tourismus-Urbanisationen ein. Grundstücke und Hotels, selbst Baugesellschaften gingen Ende der 60er und Anfang der 70er Jahre teilweise in ausländische Hand über; Reiseveranstalter und Charterfluggesellschaften hatten von Anfang an ausländischer Kontrolle unterstanden.

Das Verhältnis von Kapital und Arbeit ist nicht beeinflußt von der Kategorie der Nationalität. Doch an einer Aufhebung des Kapitalverhältnisses waren kanarische Nationalisten nie interessiert; sie flüchteten sich in den Traum, dem kanarischen Arbeiter würde es bedeutend besser gehen, wenn dieser einheimischem Kapital ausgeliefert wäre und die Ausländer aus allen Schlüsselpositionen der Tourismusindustrie verdrängt würden.

Die Kritik der Nationalisten an Überfremdung durch ausländisches Kapital wurde am vehementesten von der 1963 in Algier gegründeten MPAIAC (*Movimiento para la autodeterminación y independencia de Canarias*) vorgetragen. Die von Antonio Cubillo angeführte Bewegung erklärte sich solidarisch mit den Befreiungsbewegungen auf dem afrikanischen Kontinent. In pathetischen Formeln wurde das "heilige" und "natürliche" Recht auch der Kanarier auf Unabhängigkeit beschworen: "Eines Tages", so hieß es, würde auf dem kanarischen Archipel eine sozialistische Republik errichtet, die die "wahrhaft gerechten und revolutionären Wünsche des kanarischen Volkes offenbarte."[1] Theoretisches Defizit wurde mit revolutionärem Pathos übertüncht, messianisches Vokabular sollte Widerspruch im Keim ersticken: Wer wollte infragestellen, was 'natürlich' und 'heilig' war?

Im Programm der MPAIAC von 1970 werden die Kanarier als eine von einer auswärtigen Macht beherrschte Nation definiert. Der Anspruch auf Gründung eines selbständigen, unabhängigen Staates wird damit begründet, daß die

1 Dokument vom 22. Oktober 1963, zit. nach Garí-Hayek, *Historia*, S. 117.

Kanarier berberischen Ursprungs, deshalb in rassischer Hinsicht deutlich von den Spaniern unterscheidbar seien. Ausdrücklich beruft sich die MPAIAC auf die Forschungsergebnisse von Ilse Schwidetzky, wonach es sich bei den überlebenden Altkanariern um eine von den spanischen Eroberern eindeutig unterscheidbare Rasse handele, deren genetische Merkmale bis zum heutigen Tag in der kanarischen Bevölkerung fortlebten.[1]

Zwei weitere Gründe werden genannt, die einem politisch-ökonomischen Zusammenschluß mit Spanien widersprächen. Zum einen hätten die Kanarier eine eigene Mentalität ausgebildet, die maßgeblich geprägt sei von afrikanischen und südamerikanischen Einflüssen. Hinzu kämen die klimatisch-geographischen Besonderheiten: der Kanarische Archipel gehöre zu Afrika, Spanien zu Europa.

Die nationalistische Bewegung verfügte zu Lebzeiten Francos auf dem Archipel noch über keinen bedeutenden Rückhalt, doch reagierten Presse und Politik auf jedes Dokument nervös, das die Zugehörigkeit der Kanarischen Inseln zum spanischen Mutterland infragestellte. Seit im November 1960 in den Vereinten Nationen eine Debatte über die Frage geführt worden war, ob auch den spanischen Provinzen in Afrika der Status von Kolonien gebühre, übte sich die lokale Presse in Ergebenheitsadressen an das franquistische Regime und kehrte die *Españolidad* des Archipels hervor.[2]

Im Jahr 1968 konnte die MPAIAC ihren ersten internationalen Erfolg verbuchen. Die OAU-Staaten mit Ausnahme Marokkos und Mauretaniens bestätigten die These vom kolonialen Status der Kanarischen Inseln und erklärten sich bereit, den Unabhängigkeitskampf der Kanarier zu unterstützen. In ihrer Deklaration hieß es:

> Die Kanarischen Inseln sind ein integraler Bestandteil Afrikas und nicht Spaniens. Daher stellen wir fest: Der Kanarische Archipel kann ebenso das Recht auf Selbstbestimmung und Unabhängigkeit in Anspruch nehmen wie jedes andere, derzeit noch kolonialer Herrschaft unterworfene Territorium Afrikas.[3]

In den Jahren ökonomischer und politischer Zuspitzung, die mit der Erdölkrise

---

1 *El nacionalismo revolucionario de Canarias: La 'crisis' colonial de Madrid*, Hg. Departamento de información y formación política del MPAIAC, Algier, 1970, S. 146.

2 Laut UNO-Satzung hat jedes Volk das Recht auf Selbstbestimmung: es soll frei wählen dürfen, ob es die Gründung eines eigenen Staates anstrebt. Die UNO erkannte anti-koloniale Befreiungsbewegungen als Subjekte des Völkerrechts an und verhandelte mit ihnen als den legitimen Repräsentanten des zukünftigen Staatgebildes. Dem Kanarischen Archipel war diese Aufwertung nicht vergönnt: mit 54 Gegenstimmen, 13 Enthaltungen und 8 Ja-Stimmen wurde ein entsprechender Antrag abgelehnt; vgl. Garí-Montllor Hayek, *Historia del nacionalismo canario*, S. 83f.

3 Zit. nach Garí-Montllor Hayek, *Historia del nacionalismo canario*, S. 117f.; zur Frage, ob es legitim sei, dem Archipel kolonialen Status zuzubilligen, vgl. auch das Kap. IV der vorliegenden Arbeit.

von 1973 begann, wuchs auf dem Archipel der Widerstand gegen staatliche Repression, *Canarias libre* wurde der Schlachtruf auf zahlreichen Demonstrationen. Die Metropolen auf der Iberischen Halbinsel schienen verwundbar: Nachdem Portugal bereits 1974 seiner afrikanischen Kolonien verlustig gegangen war, mußte sich ein Jahr später auch Spanien aus der Westsahara, der letzten neben Ceuta und Melilla verbliebenen afrikanischen Kolonie, zurückziehen.[1] Der Tod Francos am 20. November 1975 machte in Spanien den Weg frei für eine offene Konkurrenz um die Macht. Die Monarchie wurde zur Staatsform erhoben, König Juan Carlos ernannte den ehemaligen Generalsekretär der falangistischen Bewegung Adolfo Suárez zum neuen Regierungschef. Vereint starteten sie eine schrittweise Demokratisierung innerhalb der franquistischen Legalität und ließen diese durch ein Referendum vom spanischen Volk absegnen. Bis zu den ersten freien Wahlen im Juni 1977 sollte ihnen genügend Zeit bleiben, um einen Reformkurs vorzugeben, der die Eigentums- und Machtverhältnisse nicht antastete.

Die nationalistische Bewegung konnte sich nach dem Tod Francos offener artikulieren und gewann politische Stoßkraft. Auf Teneriffa konstituierte sich das Zentralkomitee der MPAIAC und versorgte den von der algerischen Regierung finanzierten Radiosender *La voz de Canarias libre* mit aktuellen Informationen über den Archipel. Nach der Ermordung eines Parteifunktionärs durch Beamte der Polizei proklamierte Cubillo den Übergang zum bewaffneten Kampf. Angehörige der *Fuerzas Armadas Guanches* verübten Anfang 1977 erste Sabotageakte gegen Kaufhäuser und ausländische Hotelanlagen.[2] Aufgrund einer Bombendrohung am Flughafen Gando (Gran Canaria) wurde am 27. März ein Touristenflugzeug kurzfristig nach Los Rodeos (Teneriffa) umgeleitet; der Zusammenprall der PanAm Boeing 747 mit einer zum Start ansetzenden KLM 747 kostete 582 Menschen das Leben. Die Furcht europäischer Urlauber, den Archipel zu bereisen, eskalierte.

Dic Abendzeitung *Diario de Las Palmas* veröffentlichte am 19. Juni einen Artikel, der überschrieben war "Terrorismo contra turismo"; ausführlich kam darin Jaime Mora, der TUI-Gesandte auf Gran Canaria zu Wort. Cubillos Aufforderung an die ausländischen Touristen, dem Archipel fernzubleiben,

---

1 Das Protektorat Spanisch-Marokko (erworben 1912) war bereits 1956, Spanisch-Guinea 1968 und Ifni 1969 von Spanien aufgegeben worden; nur die Städte Ceuta und Melilla an der nordafrikanischen Küste blieben in spanischem Besitz. 1975 benutzte Algerien die 'kanarische Frage', um auf die spanische Regierung Druck auszuüben; Algerien würde seine Unterstützung für den kanarischen Unabhängigkeitskampf mindern, sofern Spanien bezüglich der Westsahara eine pro-algerische Haltung einnähme, d.h. Stärkung der Frente Polisario, Schaffung einer unabhängigen saharischen Republik; vgl. Mohamed Achargui, "El Magreb y España (1962–1975)" *III Aula Canarias y el Noroeste de África (1988)*, Hg. V. Morales Lezcano, Las Palmas, 1993, S. 378.

2 Vgl. Garí-Montllor Hayek, *Historia del nacionalismo canario*, S. 354.

löste bei dem TUI-Vertreter Alarmstimmung aus. Er ermahnte die spanischen Autoritäten, "das Thema Cubillo" endlich ernstzunehmen und "Maßnahmen zu ergreifen, um zu vermeiden, daß sich seine Drohungen bewahrheiten." Nach den Gründen für das Erstarken der Unabhängigkeitsbewegung fragte Jaime Mora nicht, ihn interessierte einzig das Wohl und Weh der 'ihm anvertrauten' Touristen – und das hieß: verstärkter Polizei-Einsatz tat not, um die unter Franco lieb gewonnene Ruhe und Ordnung wiederherzustellen. "Der Urlauber", schrieb Mora, "fordert Sonne, Strände und vor allem Ruhe." Könne ihm diese auf den Kanarischen Inseln nicht zugesichert werden, so müsse er sich anderen Urlaubszielen zuwenden.[1]

Auch die Bundesregierung zeigte sich besorgt; das Los der auf dem Archipel tätigen Investoren lag ihr so sehr am Herzen, daß sie sich mit dem Umleiten des Touristenstroms nicht bescheiden wollte. Statt dessen schleuste sie in einer als 'Aktion Neuland' betitelten Operation einen V-Mann in die MPAIAC ein, der sie über geplante Anschläge auf Hotelanlagen informierte.[2]

Die spanische Regierung unter Ministerpräsident Suárez startete derweil eine als 'Operation Afrika' bezeichnete diplomatische Offensive: Außenminister Marcelino Oreja und sein Beraterteam besuchten ab April 1977 die Kapverden, Mali, Mauretanien, den Senegal und neun weitere afrikanische Staaten. Der OAU wurde Entwicklungshilfe und proafrikanisches Engagement Spaniens in der UNO in Aussicht gestellt, sofern die Organisation davon abrückte, den spanischen Besitztitel auf den Kanarischen Archipel infragezustellen.[3] Trotz dieser Anstrengungen zeichnete sich 1978 die internationale Anerkennung der kanarischen Unabhängigkeitsbewegung ab. Auf der OAU-Konferenz in Jartum im Juni war die Diskussion über die Africanidad des Archipels vorrangiger Tagesordnungspunkt; Cubillo sollte in einer Rede vor den Vereinten Nationen die Ziele seiner Bewegung erläutern.[4] Dazu allerdings kam es nicht mehr: Wenige Tage vor seiner Abreise nach New York wurde Cubillo Opfer eines Mordanschlags. Beteiligt an dem Attentat war neben dem spanischen Geheimdienst der westdeutsche Verfassungsschutz, der "deutsche Wirtschaftsinteressen" gewahrt sehen wollte.[5] Der Anschlag erreichte sein Ziel: die

---

1 "Terrorismo contra turismo", *Diario de Las Palmas* (19. Juni 1977), S. 8.

2 Vgl. "'Ich arbeite mit dem Kopf – nicht mit der Faust oder der Pistole': In einem Interview mit Welt am Sonntag beantwortet Deutschlands erfolgreichster V-Mann Werner Mauss zum ersten Mal Fragen über sein Leben und seine Leistungen", *Welt am Sonntag* (28. Februar 1988), S. 6.

3 Vgl. Labana Lasay'Abar, "La visión negro-africana del papel jugado por Canarias en la política africana de España", *III Aula Canarias y el Noroeste de África (1988)*, Hg. Morales Lezcano, Las Palmas, 1993, S. 393f.

4 Vgl. Garí-Montllor Hayek, *Historia del nacionalismo canario*, S. 353.

5 Vgl. "Ich arbeite mit dem Kopf", *Welt am Sonntag* (28. Februar 1988), S. 6; ergänzend Eckart Spoo, "Niedersächsischer V-Mann soll Erpressung vorgeschlagen haben", *Frankfurter Rundschau* (25. Mai 1988), S.4.

Ausschaltung des charismatischen Führers Cubillo führte zu einer entscheidenden Schwächung der Unabhängigkeitsbewegung. Zahlreiche Mitglieder der Gruppe wurden in den folgenden Wochen verhaftet, das Führungskader suchte Zuflucht im algerischen Exil.

Die Agenten des Tourismusgeschäfts durften aufatmen. Im Winterhalbjahr 1978/79 kam es allerdings aufgrund eines Streiks der Hotelangestellten noch einmal zu drastischen Einbußen, und auch im Folgejahr ging die Zahl der eintreffenden Touristen noch einmal leicht zurück. Vor allem Skandinavier waren es, die während der Krisenjahre den Kanarischen Inseln fernblieben: ihre Zahl schrumpfte von 156.800 im Jahr 1974 auf 60.700 im Jahr 1980.[1]

Zukünftigen politischen und juristischen Auseinandersetzungen um die Zugehörigkeit des Archipels zu Spanien wurde vorgebeugt. Im Europarat gelang es 1979 der spanischen und portugiesischen Regierung, den europäischen Charakter der Atlantikinseln festschreiben zu lassen. Damit setzte sich das Konzept politischer Verbundenheit gegen die Anerkennung geographischer Zugehörigkeit durch.[2] Zugleich wurde seitens der Nordatlantischen Allianz der Aktionsradius vom Nordpol bis zum Äquator ausgedehnt, der Kanarische Archipel ausdrücklich dem Sicherheitsbereich der NATO unterstellt.

Touristischer Auftrieb 1982–1988

Das dem Archipel 1982 gewährte Autonomiestatut ließ, obgleich es im wesentlichen auf den Kultur- und Wissenschaftsbereich beschränkt blieb, den Einfluß der Separatisten weiter zurückgehen. Das Streben nach Unabhängigkeit verkümmerte zum Ruf nach Pflege 'kanarischer Identität': Folklore eroberte die Hitparaden, Neugeborene erhielten altkanarische Namen. Auf eine theoretische Begründung der Unzufriedenheit glaubte man verzichten zu können; statt dessen begeisterte man sich am Ruf "*Canario escoge tu godo!*" (Kanarier, knöpf Dir Deinen Goten vor!)[3] und äußerte seinen Unmut angesichts eines jeden von der Peninsula gesandten Beamten. Als die Sozialistische Partei 1982 die Regierung übernahm, forcierte sie den Eintritt Spaniens in die Europäische Gemeinschaft; gleichzeitig wurde die Mitgliedschaft in der

1 Vgl. Antonio Cruz Caballero, "El mercado turístico canario: Situación actual, promoción nuevos mercados", *IV Jornadas de Estudios Económicos Canarios: El turismo en Canarias*, Hg. Gobierno de Canarias, Las Palmas, 1985, S. 239.

2 Vgl. "Résolution 110 (1979) relative au Problèmes spécifiques des Régions insulaires Atlantiques Européennes, (Açores, Madère, Canaries), C.P.L.R.E., 16–18. Oktober 1979", María Asín Cabrera, *Islas y archipiélagos en las Comunidades Europeas: Estudio de los régimenes jurídicos especiales con particular consideración de Canarias*, Madrid, 1988, S. 89.

3 Mit dem Ausdruck 'Goten' waren die Festlandsspanier gemeint, vermeintliche Nachkommen der Westgoten, die von 507–711 n.Chr. auf der gesamten iberischen Halbinsel herrschten.

NATO aufrechterhalten. Die Maßnahmen auf wirtschaftspolitischem Gebiet zielten auf rasche Modernisierung des Landes: unrentable Staatsbetriebe wurden saniert, profitable Unternehmen privatisiert. Der Arbeitsfrieden wurde gesichert durch ein Stillhalteabkommen mit der den Sozialisten nahestehenden Gewerkschaft UGT. Ausländisches Kapital zog Nutzen aus der Politik der Modernisierung. Geringe Steuern und niedrige Löhne bei wachsender Inflation garantierten Investoren den "Konkurrenzvorteil 'europäisches Billiglohnland'".[1]

Im Tourismusgeschäft blieben für ausländische Anleger alte Privilegien erhalten, neue traten hinzu. War ein Küstenabschnitt zum 'Gebiet bevorzugter Investitionen' erklärt, so durften sie weiterhin mit staatlichen Krediten auf bis zu 50% der Baukosten rechnen. Auf den Kanarischen Inseln kam ein weiterer Investitionsvorteil hinzu: Die ausländischen Investoren konnten von der Zahlung wichtiger Steuern befreit werden, sofern ihre Immobiliengeschäfte 'triangular', d.h. von sogenannten Steuerparadiesen aus, getätigt wurden.[2] 'Triangular' bedeutete, daß Mittelsmänner z.B. aus Panama oder den Kanalinseln von ausländischen Unternehmen angeworben wurden, um einer neugegründeten Gesellschaft als juristische Person vorzustehen, die dann auf spanischem Boden in Immobilien investierte. Für Spanier war dieses Verfahren gesetzeswidrig, doch auch sie durften am touristischen Bauboom partizipieren. Lokale Finanzinstitute gewährten ihnen Kredite mit zehnjähriger Laufzeit, wobei sie in den ersten beiden Jahren von Zins- und Tilgzahlungen befreit waren.[3]

In den Jahren touristischer Blüte entfaltete sich auf den Kanarischen Inseln ein hektisches Baufieber. Da man stetig zunehmende Urlauberzahlen erwartete, kam es zu einer massiven Erweiterung der Bettenkapazität. In der Provinz Las Palmas erhöhte sich die Zahl der Unterkünfte in den Jahren 1983–1988 um 70%.[4]Den Naturschützern blieb es vorbehalten, die bedrohlichen Folgen dieser Entwicklung anzuprangern: Anhäufung von Abfallbergen, Verschmutzung der Gewässer, Vernichtung einzigartiger Biotope und endemischer Pflanzen. In der Oase La Charca waren die Vögel mittlerweile rar geworden, die Fische gestorben – touristischen Bauunternehmen hatte der See als Abwasserkanal gedient. Wasserquellen waren auf der Insel großenteils versiegt, der Asphalt hatte über die Flora triumphiert.

Laut Artikel 132 der spanischen Verfassung sind sämtliche Küstengebiete öffentlicher staatlicher Besitz. Dennoch kam es in den Jahren des touristischen

---

1 "Eine königliche Demokratie", *MSZ*, Nr. 5 (1986), S. 30.
2 Vgl. "Corrupción inmobiliaria", *Canarias Nación*, Nr. 10 (November 1988), S. 4.
3 Vgl. Santana Santana, *La producción del espacio turístico*, S. 139.
4 Vgl. Vicente Guerra, "La oferta de camas creció en las islas en un 70 por ciento en los cinco años del 'boom' turístico", *La Provincia* (8. Februar 1989), S. 8; zur Provinz Las Palmas zählen die Inseln Gran Canaria, Fuerteventura und Lanzarote.

Booms immer wieder zu Privatisierungen, gestützt auf das widersprüchlich formulierte Küstengesetz von 1969, das unter bestimmten Voraussetzungen persönlichen Besitz in der Strandregion zuließ. Kam es zum Antrag auf Anerkennung einer Privatzone, so entschieden die Gerichte zumeist für den Antragsteller. Künstliche Häfen und Wege am Meer wurden angelegt, um Boden für spätere Spekulationsgeschäfte zu gewinnen. Naturzonen wurden so in Urbanisationen verwandelt.

Mit der Verabschiedung zweier Gesetze suchten die regierenden Sozialisten in den späten 80er Jahren einer weiteren Zerstörung und Verschandelung der Landschaft entgegenzuwirken. Mit einem Naturschutzgesetz (*ley de declaración de espacios naturales de Canarias*) wurden im Jahr 1987 23 Naturparks geschaffen, worauf 37% des kanarischen Territoriums staatlicher Aufsicht unterstanden. Ein Jahr später erließ die Regierung ein neues Küstengesetz (*ley de costas*), das die Bebauung in einem sich 100 Meter an das Meeresufer anschließenden Streifen untersagte. In Ausnahmefällen allerdings durfte die Gemeinde auch zukünftig Land in unmittelbarer Meeresnähe veräußern.

Verdeckte Krise

In der Wintersaison 1988/89 wurde der touristische Boom gebremst, die Besucherzahlen gingen schlagartig um 20% zurück. Spanien zählte zu diesem Zeitpunkt nicht mehr zu den billigen Reisezielen. In Ländern wie der Türkei, Jugoslawien und Tunesien lebte es sich preiswerter, und auch die Reiseveranstalter konnten dort höhere Gewinne erzielen; aufgrund des relativ niedrigen Dollarkurses konnten überdies Fernreisen nach Florida und in die Karibik preisgünstig wie nie zuvor angeboten werden.

Auf Gran Canaria machte sich das Ausbleiben der Touristen besonders drastisch bemerkbar. Bereits im Februar 1989 wurden die Arbeitsverträge für eine große Zahl von Hotelangestellten gekündigt, die Hotelkomplexe Waikiki und Aqua Sur an der Südküste gerieten in Zahlungsschwierigkeiten und mußten schließen.[1] Kleinunternehmer, die ihre Schulden nicht zu tilgen vermochten, mußten Grundstücke und Immobilien an die Banken abtreten; diese avancierten in den Jahren 1989/90 zu den wichtigsten Immobilienbesitzern der Insel.[2]

Die kanarische Öffentlichkeit begab sich auf die Suche nach Gründen für die Krise und nach möglichen Strategien zu ihrer Überwindung. Wissenschaftler sahen den wichtigsten Krisengrund im Überangebot an Appartementhausbetten. Das Überangebot, legten sie dar, führe zu einem verschärften Konkur-

1 J.M. Balbuena, “Los empresarios turísticos no renuevan contratos a los trabajadores por la crisis”, *La Provincia* (23. Februar 1989), S. 7.

2 ”Matthias Gil: ‘Los bancos se convertirán en los inmobiliarios turísticos canarios”, *La Provincia* (15. Februar 1989), S. 1.

renzkampf der Anbieter, in dem sich nur jene behaupten könnten, die den Reiseveranstaltern den günstigsten Preis einräumten. Schuld an dieser Entwicklung treffe vor allem die Bauindustrie, die nur zweitrangig daran interessiert sei, die von ihr hergestellten touristischen Anlagen auch mit Touristen zu füllen. Vera Galván bezeichnete die Bauindustrie als "Ungeheuer, das seine eigenen Wohltäter verschlingt", Santana und Pérez pflichteten ihm bei.[1]

Kanarische Wissenschaftler verfügen in der Öffentlichkeit über genug Ansehen, als daß sie befürchten müßten, aufgrund kritischer Analyse als 'Nestbeschmutzer' beschimpft zu werden. Wenn aber Fremde, etwa Kameraleute des Deutschen Fernsehens es wagen, Ähnliches auszusprechen, erhebt sich ein Aufschrei des Protests. Als im April 1990 im deutschen Abendprogramm ein Film mit dem Titel *Selbstmord in Beton: der Ruin der Kanarischen Inseln* gezeigt wurde, setzte auf Gran Canaria eine wütende Pressekampagne ein. Den Filmautoren wurde vorgehalten, sie hätten extrem negativ über die Insel berichtet und es zudem gewagt, Armut und Kriminalität im Bild festzuhalten. Nicht die bezeugte soziale Misere löste Beunruhigung aus, sondern die Tatsache, daß Berichterstatter des Auslands sich erdreisteten, das reale Übel aufzuzeigen und beim Namen zu nennen. Ministerpräsident Olarte argwöhnte gar, der Film könnte von deutschen Reiseveranstaltern finanziert worden sein, um "Gran Canaria als erstes Winterreiseziel der Europäer ad acta legen zu können."[2]

TUI, größter deutscher Veranstalter auf dem Archipel, antwortete auf diese Attacken umgehend. Zwar beklagte auch ihr Sprecher Andreas Ehli, daß die Filmemacher keine "konstruktive Kritik" geleistet hätten, doch gab er zu bedenken, daß der Titel des Films angesichts der vielerorts anzutreffenden "charakterlosen, unliebenswürdig einfallsarmen Serien- und Schachtel-Bauklotzerei" niemanden überraschen dürfe.[3] Schon ein Jahr zuvor hatte sich der deutsche Reiseveranstalter den Unmut der Inselpolitiker zugezogen: Als Hauptgrund der Krise hatte er mangelnde Sauberkeit und architektonische Verschandelung benannt. Horst Opaschowski, Leiter des BAT-Freizeitinstituts Hamburg, wurde mit der Bemerkung zitiert, Feriengebiete, "an denen die Strände verschmutzt und die Landschaft verbaut" seien, würden zukünftig "kaum mehr Chancen" haben.[4]

Wer Gran Canaria kennt, weiß, daß diese Kritik berechtigt ist – dies freilich

---

1 José Vera Galván, "El desarrollo turístico", S. 483; ähnliche Angriffe auf die Bauindustrie starteten Santana Santana, *La producción del espacio turístico*, S. 216 und Manuel Pérez Rodríguez, *La entrada y el establecimiento de extranjeros en Canarias*, Santa Cruz, 1991, S. 12.

2 Lorenzo Olarte, "Comentario", *La Provincia* (26. April 1990).

3 Andreas Ehli, "Leitartikel", *TUI-Service Gran Canaria: Das Monatsblatt für unsere Gäste* (Mai/Juni 1990), S. 2.

4 "Eine Reise in den Süden", *TUI-Service Gran Canaria* (Januar 1989), S. 2.

nicht erst seit 1988. Solange Reiseveranstalter vom massenhaften Touristenstrom nach Gran Canaria profitierten, waren häßliche Hotelanlagen und zerstörte Landschaften kein Grund zur Kritik. Ihr Herz für die Ökologie entdeckten die Unternehmen erst, als sie geschäftliche Einbußen befürchten mußten – nämlich in dem Augenblick, als die Zahl der nach Gran Canaria reisenden Touristen zurückging und sich überdies die Gewinnspanne aufgrund der überraschend erstarkten Peseta verminderte.

TUI engagierte alsbald einen Umweltbeauftragten und animierte Urlauber zwecks Pflanzung kleiner Kiefernbäume zu ökologischem Einsatz: "Fünf Busladungen voll freiwilliger Helfer (...), die sich im Gelände verteilten und drei Stunden lang rackerten."[1] Wer mit TUI verreist, so wurde den Menschen auf Gran Canaria verdeutlicht, tut etwas für die Insel, leistet "konstruktive Kritik"; und die Touristen brauchten fortan kein schlechtes Gewissen zu haben: Schäden, die sie auf der Insel durch hohen Energie- oder Wasserverbrauch anrichteten, würden kompensiert durch unbezahlten Öko-Arbeitseinsatz.

Der *Stern* widmete sich der Volkspsychologie und attestierte den Deutschen im September 1989 eine "erhebliche Leidensfähigkeit". Diese würde es ihnen bei ihrem Urlaub auf Gran Canaria erlauben, über die Mängel der Bettenburgen bald wieder hinwegzusehen. "Jeder kleinen Baisse folgt (...) eine neue, noch größere Hausse. Es ist wie auf dem Rauschgiftmarkt: Jeder Konjunktureinbruch birgt schon den nächsten Aufschwung in sich."[2]

Tatsächlich kehrten die deutschen Urlauber schneller als erwartet nach Gran Canaria zurück. Bereits im Winter 1990/91 durfte die kanarische Tourismusbranche aufatmen: Während im Vorfeld des Golfkrieges die Buchungen für Marokko, Tunesien, Ägypten und die Türkei dramatisch sanken, stieg die Zahl der deutschen und britischen Urlauber auf den Archipel deutlich an. Die Tageszeitung *El País* jubilierte: "Saddam Hussein hat dem spanischen Tourismus einen großen Dienst erwiesen"[3] und in der *Süddeutschen Zeitung* hieß es salopp, die Insel Gran Canaria zähle zu den "touristischen Kriegsgewinnlern".[4] Das war sie nicht nur im Jahr 1991 – sie profitierte in der Folge vom Konflikt auf dem Balkan, von den gegen Touristen gerichteten Anschlägen islamischer Fundamentalisten und anderer Oppositionsgruppen in Ägypten, Algerien und der Türkei. Und sie profitierte von den Unruhen innerhalb des

1 "Wiederaufforstung Gran Canarias: Urlauber können 'ihre' Bäumchen setzen", *TUI Service Gran Canaria* (März 1993), S. 4; entsprechende Aktivitäten wurden seit Anfang 1990 durchgeführt, vgl. "Ein Reiseleiter sorgt für grüne Hänge", *TUI-Service Gran Canaria* (März 1990), S. 3.

2 Wolfgang Röhl, "Urlauber adieu", *Stern* Nr. 38 (1989), S.35 u. 38.

3 Francese Puigpelat, "Sin moros en la costa", El País (3. März 1991), S. N3.

4 Heiner Berninger, "Die Reisebranche atmet auf", *Süddeutsche Zeitung* (16.–17. März 1991), S. 33.

Europäischen Währungsverbunds, von der massiven Abwertung der spanischen Peseta im Herbst 1992. So durfte sich der *Stern*-Reporter am 9. Dezember 1993 zu seinen prognostischen Fähigkeiten beglückwünschen; die Schlagzeile lautete jetzt: "Massenflucht an die Playa: Die Deutschen nehmen Reißaus vor Kälte und Krise".[1]

Ausländische Anleger ließen sich indes von kurzfristigen Erfolgsmeldungen nicht blenden, sondern zogen sich aufgrund der prekären Wirtschaftslage kontinuierlich aus Spanien zurück. Hohe Staatsschulden und instabile Währung garantierten nicht länger ein sicheres Geschäft. Hatten ausländische Investoren 1990 auf dem Archipel noch 38,1 Milliarden Peseten investiert, so sank diese Summe innerhalb von zwei Jahren um mehr als die Hälfte.[2] Mit Verweis auf die 'Tourismuskrise' weigerten sich kanarische Banken Anfang 1994, der Regionalregierung Kredite zu gewähren. Im Verlaufe der vorausgegangenen Jahre, lautete die Begründung, sei die auf den Konten registrierte Schuldensumme auf die astronomische Höhe von 110 Milliarden Peseten angewachsen.[3]

Auch in der kanarischen Presse wollte man der steigenden Touristenzahlen nicht froh werden. Viele Urlauber, hieß es, kämen nur noch für eine Woche, zudem seien gar zu viele Billigtouristen, sogenannte *bocadillos* darunter. So werden im Volksmund all jene Touristen genannt, die aus Spargründen nicht im Restaurant speisen, sondern es vorziehen, auf Parkbänken und am Strand die eigenen belegten Brötchen (spanisch: bocadillos) zu verzehren. Selbst interessante Freizeitangebote nähmen sie nur begrenzt wahr, interessiert seien sie einzig an kostenlosen Werbefahrten.

Dabei hatte man sich so viel Mühe gegeben, die vermeintlichen Bedürfnisse der Touristen zu befriedigen. In der nachgebauten Wildweststadt Sioux-City durften sie sich wie Cowboys fühlen, in einem Wald bei Los Caideros in Kampfuniformen schlüpfen und 'Mord und Totschlag' spielen. Und da viele Urlauber aufgrund des erstarkten Fundamentalismus nicht mehr nach Nordafrika zu reisen wagten, hatte man begonnen, in einem einsamen Barranco ersatzweise 'Arabische Nächte' anzubieten. Im stilechten Ambiente einer Palmenoase wurden Zelte aufgebaut, wo die Besucher mit arabischen Spezialitäten verköstigt wurden – Bauchtänzerinnen absolvierten derweil ihre Kür.

Die Inselregierung ersann eine besonders wirksame Form der Unterhaltung. Alljährlich zelebrierte sie die Wahl zur 'Königin des Internationalen Touris-

---

1 Wolfgang Röhl, "Massenflucht an die Playa: Die Deutschen nehmen Reißaus vor Kälte und Krise", *Stern* (9. Dezember 1993), S. 23.

2 Maria José Alegre, "La inversión extranjera en Canarias durante el 92 sólo aumentó un 2%", *Canarias 7* (18. März 1993), S. 23.

3 Vgl. Vicente Guerra, "La banca se centra en cobrar los 110.000 milliones de morosidad que dejó la crisis", *La Provincia* (8. Januar 1994), S. 8.

mus'. An der Vermarktung des weiblichen Körpers zu Werbezwecken konnte der Tourismusbeauftragte des Cabildo nichts Negatives entdecken: "Im Tourismus", erklärte er, "müssen wir an allen Fronten präsent sein. Dazu gehört auch, die Schönheit und Sinnlichkeit der kanarischen Frau zu exportieren."[1]

1 M. Ayala, "'Dime, espejito mágico, ¿seré yo la más bella?'" *La Provincia* (1. August 1993), S. 37.

X. Perspektiven für das Jahr 2000

Nach dem neuerlichen, kriegsbedingten Anstieg der Touristenzahlen haben sich die Befürworter eines Baustopps nicht durchsetzen können. Statt dessen lautet die Devise: Weiterbauen – nur schöner als bisher! Tourismus für höhere Ansprüche wird eingeklagt: Entstehen sollen luxuriöse Anlagen mit Golfplätzen, Meerwasserschwimmbecken und künstlichen Yachthäfen, eingebettet in ausgedehnte Parkanlagen. Dies ist der Tenor des 1993 von der Inselregierung ratifizierten 'Ordnungsplans für Gran Canaria', in dem die Grundlinien für die zukünftige Entwicklung der Insel festgelegt sind. Der Tourismus wird als "Motor der Ökonomie"[1] bestätigt, dem 'Massentourismus' soll ein devisenträchtiger 'Qualitätstourismus' zur Seite gestellt werden. Wo der gesamte Archipel als "Freizeitzentrum Europas für das Jahr 2000" in Aussicht gestellt ist,[2] wird der von Export auf Versorgung des lokalen Markts umgestellten Agrikultur die Funktion zugewiesen, das touristische Produkt mit einem ansprechenden "landschaftlichen Hintergrund" zu versehen.[3]

Neuer Qualitätstourismus

Der TUI-Umweltbeauftragte Iwand gab schon 1991 zu bedenken: "Wir können den quantitativen Tourismus durchaus durch einen qualitativen Tourismus ersetzen, wenn das Unternehmen mit dem qualitativen Tourismus mehr Ertrag erzielen würde."[4] Die kanarischen Tourismusverwalter verstanden die Botschaft und griffen sie dankbar auf. TUI, einer ihrer besten Kunden, lehrte sie, daß deutsche Urlauber – zumindest viele von ihnen – für ein touristisches Produkt mehr zu zahlen bereit sind, sofern Küsten und Berghänge nicht zubetoniert, Unterkünfte von Grünanlagen umgeben, Meer und Strände sauber sind.

Am 22. Februar 1994 veröffentliche der kanarische Tourismusminister den Entwurf des neuen Tourismusgesetzes, das die Empfehlungen des deutschen Veranstalters aufgreift und den Bau neuer Anlagen an rigide Bedingungen knüpft. So sollen zukünftig alle neu erbauten Hotel- und Appartementanlagen extrem großflächig angelegt werden: Pro Bett sind 75 bzw. 90 m^2 Grundstücksfläche obligatorisch, Grünflächen dürfen 40 m^2 nicht unterschreiten.

---

1 Memoria Gran Canaria: Una estrategia territorial (Plan Insular de Ordenación de Gran Canaria), Hg. Cabildo de Gran Canaria, Las Palmas, 1992, S. 38.
2 Ib., S. 351.
3 Ib., S. 30.
4 "Umweltschutz zum Anfassen: Ein Interview mit dem Umweltbeauftragten der TUI", *Reisefieber* (Mai 1991), S. 34.

Für die existierenden Urbanisationen gilt die Regel, daß höchstens 1.000 Betten auf einer Fläche von 10.000m^2 angesiedelt sein dürfen. Bei der gegenwärtigen Bebauungsdichte setzte dies den Abbau bestehender Bettenkapazitäten voraus.[1]

Die neuen, anspruchsvolleren Urbanisationen sollen südlich Santa Águeda, im Barranco de Mogán sowie an der Costa Botija bei Gáldar entstehen. Zwischen Pasito Blanco und der Playa de las Meloneras plant die Seaside-Gruppe des Hamburger Unternehmers Theo Gerlach den Bau von Luxushotels und Villen;[2] nach einer Meldung der *Financial Times* sollen 40 dieser Châlets Politikern aus Europa und Lateinamerika vorbehalten bleiben.[3]

Die luxuriösen Appartementhäuser, die in Puerto Rico und den angrenzenden Buchten entstehen, gehören dem nordamerikanischen Unternehmen Resort Club International, das weltweit über 1.650 Time-Sharing-Anlagen verfügt. Das Engagement der Nordamerikaner im kanarischen Tourismus reicht ins Jahr 1982 zurück, als die spanische Regierung einem Ersuchen der Reagan-Administration stattgab und im Rahmen des NATO-Beitritts 72 F–18-Bomber vom nordamerikanischen Konzern McDonell Douglas, dem zweitgrößten Luft- und Raumfahrtunternehmen der Welt, erwarb. Im Gegenzug verpflichtete sich McDonell Douglas, 30 Milliarden Peseten in touristische Projekte des Käuferlandes zu investieren. Drei Jahre später teilte das spanische Verteidigungsministerium der überraschten Inselregierung mit, die Tochter des nordamerikanischen Konzerns, der Reiseveranstalter Creatur, würde auf dem Archipel in Kooperation mit Resort Club International Hotels und Appartements errichten.[4]

1994 kaufte der italienische Anwalt Paolo Ricardi im Auftrag des Scheichs Aga-Khan 119 Appartements von der Bank Hispano Hipotecario.[5] Sie befinden sich sämtlich in Puerto de Mogán und sollen bis zum Jahr 2000 gleichfalls im Time-Sharing-Verfahren veräußert werden, d.h., der Käufer erwirbt das Nutzungsrecht für ein Appartement für eine bestimmte Wochenzahl, teilt den Besitz mit zahlreichen weiteren Eigentümern.

---

1 Zum neuen Tourismusgesetz (*ley de ordenación del turismo de Canarias*) vgl. "Tourismusgesetz stößt auf herbe Kritik", *info Canarias*, Nr. 151 (3. März 1994), S. 5f.

2 Vgl. "Fiesta fürs Sonnendomizil", *Casa Canaria*, Nr. 6 (1993), S. 12. Gerlach ist auf der Insel kein Unbekannter: bereits Mitte der 80er Jahre hatte er in den Dünen von Maspalomas mit dem Bau eines Hotels begonnen, das in der Folge gesprengt werden mußte, weil es sich inmitten einer Naturschutzzone befand; Gerlach erhielt eine Abfindung und sollte zukünftig bevorzugt an der Erschließung neuer Tourismusgebiete beteiligt werden.

3 Vgl. "Tropical Off-Shore", *Financial Times* (19. April 1991), S. 35.

4 Vgl. M. J. M., "Se confirma la conexión de Resorts con el Plan FACA", *Canarias 7* (21. Dezember 1985), S. 11.

5 Vgl. Ervigio Díaz Marrero, "Paolo Ricardi: 'Mi sueño, pasar el verano en Cerdeña y el invierno en Mogán'", *La Provincia* (11. März 1994), S. 24.

Qualitätstourismus wird sich freilich nur auf Gran Canaria ansiedeln wollen, wenn das bisherige Freizeitangebot um anspruchsvollere kulturelle und sportliche Offerten erweitert wird. Für Urlauber des Südens, die daran leiden, daß es kaum Beispiele lokaler Architektur gibt und keine Sehenswürdigkeiten, die auf eine 'eigene' Geschichte verweisen, wird deshalb ein Programm entworfen, in dem Relikte altkanarischer Realität als autochthone Kultur offeriert werden. Zugleich wird mit Geldern aus den EG-Etats Regis und Futures an der von Maspalomas nach Fataga führenden Straße ein 'Guanchendorf' rekonstruiert: Bildungsbeflissene Urlauber sollen hier eingeführt werden in das Leben vor der Conquista.[1]

Wirtschaftliche und militärische Einbindung

Mit der Vollmitgliedschaft in der Europäischen Gemeinschaft droht der Archipel seines ökonomisch-fiskalischen Sonderstatus verlustig zu gehen. Doch werden neue Privilegien ins Auge gefaßt. So soll im Hafen von Las Palmas eine Off-Shore-Zone geschaffen werden, die dazu bestimmt ist, internationales Kapital anzulocken: Unternehmen, die hier registriert sind, werden von der Zahlung der in Europa üblichen Steuern befreit, Strom, Wasser und Transportdienstleistung werden subventioniert.[2] Parallel dazu entsteht auf dem Hafengelände eine Filiale des World Trade Center, finanziert von der Europäischen Gemeinschaft. Die dort installierten Kommunikationssysteme Teleport und Network erlauben ansässigen Firmen schnellen Zugriff auf weltweite Warenströme. Journalisten umjubeln die Off-Shore-Zone als "Paradies" für Investoren[3] preisen das World Trade Center als das "größte Bauvorhaben, das je auf den Kanarischen Inseln in Angriff genommen wurde."[4] Ein "Eldorado" wittert auch die *Frankfurter Allgemeine Zeitung*: 35 Meilen nordwestlich Gran Canarias, wird vermeldet, läßt British Petroleum eine Bohrplattform errichten – große Ölfunde werden in Aussicht gestellt.[5]

Mit diesen frohlockenden Meldungen soll die Bevölkerung über die durch den EG-Beitritt bewirkten Einbußen in der Exportlandwirtschaft hinweggetröstet werden. Am 1. Januar 1996 wird die spanische Protektionspolitik gegenüber kanarischen Bananen modifiziert; diese müssen dann mit Bananen der karibischen 'Dollarzone' konkurrieren, wo die Früchte aufgrund niedriger Löhne

---

1 Vgl. Gabriel Suárez, "Mundo Aborigen será inaugurado en los primeros meses de 1994", *Canarias 7* (28. Dezember 1993), S. 30.

2 Vgl. "Tropical Off-Shore", *Financial Times* (19. April 1991), S. 35.

3 Thierry Maliniak, "Hamlet en Canarias", *Canarias ante el desafío de 1992*, Hg. Cabildo de Tenerife, Santa Cruz, 1989, S. 123.

4 "Eine deutsche Bank interessiert sich für World Trade Center in Las Palmas", *info Canarias*, Nr. 155 (31. März 1994), S. 6.

5 "Aus den Kanarischen Inseln soll ein Steuerparadies werden", *Frankfurter Allgemeine Zeitung* (24. September 1994), S. 11.

und größeren Handelsvolumens weitaus preiswerter angeboten werden können.[1] Ähnlich ergeht es kanarischen Tomaten, die zukünftig der Konkurrenz marokkanischer Früchte ausgesetzt sind. Die Öffnung des europäischen Marktes für marokkanische Produkte verdankt sich primär einem politischen Kalkül. Eine funktionierende Landwirtschaft, die eine große Zahl von Arbeitsplätzen bindet, entzöge, so wird argumentiert, dem Fundamentalismus den Nährboden; der Maghreb würde stabilisiert, der Emigrantenstrom nach Europa verringert. Auch könnte sich Europa in der Folge privilegierten Zugang zu den marokkanischen Fischfanggründen und dem für Düngemittel erforderlichen Phosphat der Sahara sichern.[2]

Militärisch wird dem Kanarischen Archipel seit Beendigung des Kalten Krieges eine neue Rolle innerhalb der NATO zugewiesen. Bisher galt die Inselgruppe zusammen mit Madeira und den Azoren als militärischer Vorposten zur Sicherung der Meerenge von Gibraltar. NATO-Präsenz auf dem Archipel sicherte die vom Nahen Osten über das Kap der Guten Hoffnung bis nach Westeuropa führende Ölroute. Seit jedoch der Fundamentalismus auch in Ländern wie Algerien und Ägypten erstarkt, erscheint in der Optik vieler NATO-Generäle Nordafrika als potentieller Kriegsschauplatz. Ähnlich der Türkei, die während des Golfkriegs als idealer Ausgangspunkt für Luftangriffe gegen den Irak diente, sollen die Kanarischen Inseln bei kriegerischen Konflikten auf dem Nachbarkontinent als militärische Operationsbasis fungieren.

Am Flughafen Gando sind Kampf- und Transportflugzeuge der spanischen Luftwaffe stationiert; auch befindet sich hier die 'Zentralc für die Durchführung des Luftkriegs', von wo die potentiellen Kriegshandlungen über dem Ostatlantik und dem nordafrikanischen Raum koordiniert werden.[3] Zusätzlich sind ab 1995 zwei Einheiten der spanischen Anti-Terror-Polizei auf dem Archipel stationiert. Ihre Aufgabe besteht darin, islamische Fundamentalisten aufzuspüren, die auf den Inseln Zuflucht suchen.[4]

---

1 Während die durchschnittlichen Produktionskosten für eine Tonne Bananen auf Gran Canaria auf 1.460 DM angestiegen sind, belaufen sie sich in der Karibik auf 350DM; vgl. Cristina Martín Gómez, "La adhesión de Canarias a las comunidades europeas: las modificaciones producidas en el subsector platanero", *Vegueta*, Nr. 1 (1993), S. 355f.

2 Vgl. Ildefons González Oramas, "El sector del tomate perderá esta campaña más de 8.000 millones", *Gaceta de los negocios* (13. April 1994), S. 62.

3 Zu den Aufgaben der Zentrale für die Durchführung des Luftkriegs (*Centro de la producción de la batalla aérea*) vgl. Pedro Socorro, "El Mando Aéreo de Canarias es un ejército a pequeña escala", *La Provincia* (14. März 1993), S. III. Die Militarisierung beschränkt sich nicht allein auf Gran Canaria, sondern erstreckt sich auch auf die Nachbarinseln. So wird auf einem 40 km^2 großen Gelände in Pájara auf Fuerteventura seit 1991 eine Eliteeinheit der spanischen Spezialtruppen aufgebaut, die bevorzugt an Blauhelm-Einsätzen der UNO mitwirken soll; vgl. A. Arrenciba, "Soldados de élite", *La Provincia* (6. Dezember 1992), S. 46.

4 Erklärte Nebenabsicht dieser Maßnahme: Einem neuerlichen Erstarken militant-nationalistischer Bewegungen soll vorgebeugt werden. "Canarias contará con

Die Aktivitäten der Seestreitkräfte werden von einer Kommandozentrale im Militärhafen von Las Palmas gesteuert; schon heute werden hier alle Schiffsbewegungen in kanarischen Gewässern registriert und die Daten an entsprechende Zentren in Madrid, Cádiz und Cartagena weitergeleitet.

Knapp 2.000 Meter hohe Berge, saubere und meist wolkenfreie Luft machen das Zentrum der Insel zum idealen Standort für Radaranlagen und astrophysikalische Observatorien. Der gesamte Luftraum von Gibraltar bis zum Senegal wird von hier überwacht.[1] Das spanische Institut für Luftfahrttechnik INTA (*Instituto Nacional de Técnica Aeroespacial*) ist dem spanischen Verteidigungsministerium unterstellt und befindet sich in Pasito Blanco im Süden der Insel. Bereits im Mai 1960 wurde dort eine Satellitenkontrollstation eingerichtet, an die das nordamerikanische Raumfahrtzentrum NASA angeschlossen war. Im hiesigen Sperrgebiet wurde in den 60er Jahren nicht allein das Apollo-Programm vorbereitet. Alberto Voto, Ex-Agent der geheimen NATO-Eingreiftruppe Gladio, sagte aus, Mitglieder dieser Organisation seien hier in großer Zahl ausgebildet worden.[2]

Heute senden europäische Satelliten, z.B. Eureka, Daten nach Pasito Blanco, die im dortigen Institut ausgewertet und archiviert werden. Ab 1996 werden überdies Mikrosatelliten mit spezifischen Funktionen von Pasito Blanco in die Erdumlaufbahn befördert; dem Satelliten Helios wird die Aufgabe zugedacht, verborgene Nuklearwaffen zu sichten.[3]

Die Weichen für das Jahr 2000 sind gestellt. Während kanarische Intellektuelle noch dem Gedanken der Trikontinentalität anhängen und dem Archipel die Rolle eines Vermittlers zwischen Europa, Afrika und Amerika zuerkennen wollen, wurde in Brüssel über das Schicksal der Inseln und ihrer Bewohner längst entschieden. Die kanarische Freizeitlandschaft wird ausgeweitet und dem wirtschaftlichen, aber auch militärischen Schutz der Europäischen Gemeinschaft unterstellt. Die Propagierung eines kanarischen Nationalbewußtseins wird gebilligt: Es taugt bestens zur Demonstration ethnischer Besonderheit und steigert die touristische Attraktivität. Kanarische Politiker dürfen

---

dos Unidades Antiterroristas de la Policía Nacional", *Canarias 7* (4. November 1994), S. 1.

1 Vgl. Alberto Piris, "Nuevo papel geostratégico de Canarias", *Canarias 7* (11. April 1993), S. III; in den 80er Jahren wurden auf dem Roque de los Muchachos auf La Palma und in Izaña auf Teneriffa weitere astrophysikalische Observatorien eingeweiht – auf La Palma soll 1997 überdies das größte Sonnenteleskop der Welt errichtet werden.

2 Vgl. hierzu den Bericht von Pedro Socorro in *Canarias Semanal*, einer Dokumentationssendung des kanarischen Fernsehens am 9. Dezember 1990.

3 Vgl. Javier Díaz Torres, "El centro espacial: desde el cielo a la Tierra", *Islas*, Nr. 1 (1992), S. 26–30 und Emilio Oliva, "Con la vista en el espacio", *Revista española de defensa*, Nr. 29/30 (1990), S. 12.

überdies am Streit um größere Anteile am europäischen Reichtum mitwirken, werden belohnt mit Kompensationsgeldern für periphere Regionen.

Ein potentieller Störfaktor bleibt Marokko, das auch heute noch Gebietsansprüche bezüglich des Kanarischen Archipels anmeldet.[1] Dem Land winken ökonomische Hilfsmaßnahmen, sofern es sich mit europäischer Präsenz auf dem Archipel sowie in Ceuta und Melilla abfindet und sich als Bündnispartner im Kampf gegen den islamischen Fundamentalismus bewährt.

---

1 Ein letzter entsprechender Vorstoß erfolgte im Mai 1994, vgl. Christiane Götz, "'Ansturm der Araber': Madrid reagiert gelassen auf die Forderung Marokkos nach Rückgabe der Kanaren", *Focus*, Nr. 20 (1994), S. 244.

Schluß

In der vorliegenden Arbeit wurden die Gründe diskutiert, warum die rohstoffarme Atlantikinsel Gran Canaria seit ihrer geographischen Erfassung das Interesse auswärtiger Mächte auf sich zog. Die wichtigsten Motive werden hier noch einmal zusammengefaßt.

Hoffnung auf kommerziellen Gewinn veranlaßte europäische Kaufleute im 14. Jahrhundert, Seereisen zu den 'Glücklichen Inseln' einzuleiten. Neben die kommerziellen traten strategische Gründe. Der Archipel war Sprungbrett nach Westafrika, wo große Mengen Goldes vermutet wurden. Zugleich sollte er als Stützpunkt für die Erkundung eines Seewegs nach Indien dienen, dem Ursprungsland begehrter Luxusgüter.

Mit den Kaufleuten kam auch der Klerus. Die vom Papst gesandten Missionare hatten den Auftrag, die Altkanarier zu christianisieren. Diese erwarben das Recht, sich zu einem allmächtigen Herren zu bekennen, ihm und seinem irdischen Stellvertreter Gehorsam zu leisten. Auch durften sie sich des Privilegs erfreuen, mit den Kaufleuten Tauschbeziehungen zu pflegen, wobei es freilich letztere waren, die die *terms of trade* diktierten.

Sofern sich das heidnische Volk dem Recht auf Missionierung und friedlichen Handel widersetzte, sahen der Papst und seine weltlichen Verbündeten den Grund für einen gerechten Krieg angezeigt. Kirchliche Bullen ebneten den Weg für die Eroberung der Kanarischen Inseln durch das Königreich Kastilien, das seit 1474 mit dem von Aragón vereinigt war. Der Archipel wurde erster Kolonialbesitz Spaniens, ein 'Versuchslaboratorium' für die nachfolgende Conquista Amerikas. Während der langen Phase seiner Unterwerfung hatten die Eroberer Gelegenheit, juristische, politische und wirtschaftliche Verfahrensweisen zu erproben, die für die nachfolgende Kolonialgeschichte exemplarischen Charakter trugen.

Die Entdeckung Amerikas durch Kolumbus war für den Archipel von einschneidender Bedeutung. Aus dem atlantischen Vorposten wurde ein Zwischenposten, ein 'Herzstück imperialer Kommunikation' im neugeschaffenen trikontinentalen Wirtschaftsraum. Gran Canaria diente als Brückenkopf zwischen dem Mutterland und seinen überseeischen Kolonien, war Militärbasis und maritime Versorgungsstation. Von hier starteten Sklavenexpeditionen an die afrikanische Küste, die Insel avancierte zu einem Finanzzentrum und einer Drehscheibe des internationalen Handels. Durch Lizenzvergabe, Zoll- und Steuereinzug profitierte die Krone von der Präsenz ausländischer Kaufleute, war jedoch sorgfältig darauf bedacht, ihren Einfluß zu begrenzen.

Erhoffte seigneuriale Vorrechte blieben den Konquistadoren auf Gran Canaria versagt. In ihren Entscheidungen waren sie an die Weisungen der Krone gebunden, die das Wirtschaftsleben auf der Insel so zu organisieren suchte, daß das Mutterland größtmöglichen Gewinn aus ihm ziehen konnte. Ein 'instabiles Gleichgewicht' war die Folge, das bis zum heutigen Tag die Beziehungen zwischen spanischer Zentralregierung und kanarischer Herrschaftselite prägt. Immer dann wurde es erschüttert, wenn die von der Metropole verordneten Monokulturen durch konkurrierende Produktionsstandorte substituiert zu werden drohten oder die Teilnahme Gran Canarias am internationalen Handel beschnitten wurde.

Im 17. Jahrhundert verlagerte sich das wirtschaftliche Machtzentrum von der Iberischen Halbinsel in den Nordseeraum, der Archipel verlor wirtschaftspolitisch und geostrategisch an Bedeutung. Als zu Beginn des folgenden Jahrhunderts auch der Weinexport nach Großbritannien zum Erliegen kam, zwang die Krise viele Bewohner zur Emigration.

Durch das Freihandelsdekret von 1852 wurden die ökonomischen Bande zum Mutterland erheblich gelockert. Dies erlaubte es dem weltweit dominierenden Industrie- und Handelsstaat Großbritannien, sich als führende Wirtschaftsmacht auf dem Archipel zu etablieren, ohne daß dies militärisch rechtsetzender Besitzergreifung bedurfte. Als Teil des *Informal Empire* wurde Gran Canaria ab 1884 mit moderner Infrastruktur ausgestattet und als Kohledepot für Dampfschiffe genutzt. Briten erwarben Grundbesitz und forcierten den Anbau lukrativer Exportgüter, beherrschten deren Transport und Kommerzialisierung.

Als sich 1898 der Verlust Spaniens letzter amerikanischer und asiatischer Kolonien abzeichnete, hofften führende europäische Industrienationen auf die rasche Liquidation auch seiner Territorien im afrikanischen Raum. Frankreich, Belgien und Deutschland bemühten sich um den käuflichen Erwerb der Kanarischen Inseln als eines attraktiven Stützpunktes zur Sicherung der Handelsrouten und zur Erschließung Afrikas. Umgehend wurde in Großbritannien eine Diskussion entfacht, ob nicht Vorkehrungen zu treffen seien, sich die wirtschaftliche Domäne im Atlantik exklusiv zu sichern. Wo rivalisierende Mächte bestehende Einflußsphären nicht achteten, bot sich der formale Gebietsanschluß als protektionistische Maßnahme an.

Doch den Kaufabsichten europäischer Regierungen war kein Erfolg beschieden. Die Bewerberländer blockierten sich wechselseitig, scheuten die Eskalation des Konkurrenzkampfs zum offenen militärischen Konflikt. Der spanischen Regierung gelang es, ihre politischen Besitzrechte zu wahren, doch zeigte sie sich außerstande, die wirtschaftliche Vorherrschaft der Briten auf dem Archipel zu begrenzen.

Erst in der Autarkiephase des franquistischen Regimes (ab 1936) vollzog sich die Wiedereingliederung der Inseln in die nationale Ökonomie. Viele Kanarier wurden der Befreiung von britischem Einfluß nicht froh, der Gehorsam gegenüber den neuen Herren machte sich wenig bezahlt. Als Rettungsanker bot sich einzig die Emigration nach Mittel- und Südamerika – dorthin, wo der Verkauf ihrer Arbeitskraft noch erwünscht war.

In den 50er Jahren zwangen Staatsbankrott und wirtschaftlicher Niedergang der spanischen Regierung die Logik auf, in der Benutzung des Landes durch ausländisches Kapital eine nationale Entwicklungschance zu sehen. Der Staat gewährleistete politische und fiskalische Rahmenbedingungen, aufgrund derer sich ausländische Investoren sichere Profite ausrechnen durften. Für Regionen wie den Kanarischen Archipel, die außer ihrer natürlichen klimatisch-geographischen Ausstattung wenig anzubieten hatten, wurde der Fremdenverkehr zum zentralen Wirtschaftszweig erkoren.

Der Tourismus auf Gran Canaria erwies sich als zeitlich befristetes Investitionsobjekt, mit dem Bodenspekulanten und Bauherren gleichermaßen kalkulieren wie Hoteliers und Reiseveranstalter. Der gegenwärtige Boom täuscht über die Krisenanfälligkeit des touristischen Produkts hinweg. Noch profitiert der Archipel von der politischen Instabilität in konkurrierenden Urlaubsregionen und der finanziellen Konsumfähigkeit großer Bevölkerungsgruppen in den europäischen Industriestaaten. Auch werden die touristischen Geschäfte auf Gran Canaria vorerst nicht durch militante Regionalisten beeinträchtigt, die auf politische Loslösung von Spanien drängen und sich durch eine von 'eigenen' Volksvertretern ausgeübte Ordnungsmacht besser repräsentiert sehen.

Die Mehrheit der Kanarier setzt Vertrauen in die segensreichen Wirkungen des Tourismus: Monokultur wird als Chance begriffen, Anschluß an die Erste Welt zu erlangen. Diese Hoffnung wird freilich zerbrechen, sobald sich die marktbeherrschenden Reiseveranstalter bessere Gewinnchancen in anderen Teilen der Welt versprechen.

Ausgewählte Bibliographie

I. Archivmaterial

1. Historisches Provinzarchiv Las Palmas (Archivo Histórico Provincial de Las Palmas, AHPLP)

1.1 Notarielle Urkunden (Legajos de Protocolos Notariales)
Nr. 733 (Cristóbal de San Clemente, 1514–1517)
Nr. 735 (Cristóbal de San Clemente, 1522)
Nr. 736 (Cristóbal de San Clemente, 1524)
Nr. 756 (Jerónimo Bautista, 1534)
Nr. 780 (Rodrigo de Mesa, 1560)
Nr. 798 (Alonso Fernández Saavedra, 1588)
Nr. 852 (García Ortiz, 1566)
Nr. 866 (Luis de Balboa, 1582–1583)
Nr. 929 (Bernardino Palenzuela Jiménez, 1591)
Nr. 1540 (José Cabrera Betancurt, 1736–1738)
Nr. 2316 (Alonso de Herrera, 1509–1522)
Nr. 2580 (Alonso Hernández de Córdoba, 1578)
1.2 Dokumente der Stadtverwaltung (Ayuntamiento de Las Palmas)
Intereses Generales, Inventario Nr. 12
Fondo documental de los hermanos León y Castillo

2. Dokumentensammlung des Kanarischen Museums Las Palmas (Archivo Museo Canario, AMC)

3. Zeitungsarchiv des Kanarischen Museums Las Palmas (Hemeroteca del Museo Canario)

Canarias 7 (Jg. 1985–93)
Canarias Nación (Jg. 1988–93)
Las Canarias y nuestras posesiones africanas (Jg. 1906–16)
Diario de Las Palmas (Jg. 1898–99, 1975–93)
Diario de Tenerife (Jg. 1898–99)
La Opinión (Jg. 1898–99)
La Provincia (1975–93)

4. Zeitschriftenarchiv des Reiseveranstalters TUI in Las Palmas

5. Public Record Office Richmond / London

War Cabinet Minutes and Memoranda. Memorandum by the First Lord of Admiralty. W.P. (41) 33, 17. Februar 1941.

War Cabinet Joint Planning Staff. W.O. Nr. 2949–2955, Juni 1940 – April 1943.

6. British Museum London

Egerton Collection of Manuscripts. *Papeles y Consultas del Consejo de la Inquisición 1565–1718.*

Foreign Office. *Spain: Report on the Social and Economic Conditions of the Canary Islands.* Miscellaneous Series, Nr. 246. London, 1892.

Foreign Office. *Report on the Fruits and Fruit Trade of Madeira.* Miscellaneous Series, Nr. 408. London, 1896.

Foreign Office. *Canary Islands: Handbook Prepared under Direction of the Historical Section of the Foreign Office.* Nr. 130. London, 1919.

Foreign Office. *Diplomatic and Consular Reports on Trade and Finance.* Annual Series, 1878–1915: *Reports on the Trade of the Canary Islands.* London.

Foreign Office. Department of Overseas Trade. *Report on the Trade and Economic Conditions of the Canary Islands.* London, 1921.

II. Benutzte Literatur

Abreu Galindo, Fray Juan de. *Historia de las siete Islas de Canaria.* 2 Bde., Hg. Cioranescu, Alejandro. Santa Cruz, 1977.

Achargui, Mohamed. "El Magreb y España (1962–1975)." *III Aula Canarias y el Noroeste de África (1988).* Hg. Morales Lezcano, Victor. Las Palmas, 1993, S. 371–381.

Ahlers, Jacob. *Reiseführer: Tenerife und die anderen Canarischen Inseln.* Hamburg, 1925.

Alcaraz Abellán, José. *La resistencia antifranquista en las Canarias Orientales (1939–1960).* Las Palmas, 1991.

Alcaraz Abellán, José / Anaya Hernández, Luis A. / Millares Cantero, Sergio. "Los extranjeros y la guerra civil en la Provincia de Las Palmas (1936–39)." *VII Coloquio de Historia Canario-Americana (1986).* Bd. 1, Hg. Morales Padrón, Francisco. Las Palmas, 1990, S. 99–131.

Anaya Hernández, Luis. "Las minorías en la historia de Canarias." *VII Coloquio de Historia Canario-Americana (1986).* Bd. 1, Hg. Morales Padrón, Francisco. Las Palmas, 1990, S. 29–57.

Arbelo Curbelo, Antonio. *Canarias, preludio de la Hispanidad.* Las Palmas, 1992.

Armanski, Gerhard. *Die kostbarsten Tage des Jahres.* 2. Aufl., Bielefeld, 1986.

Arribas Martín, José. "El estrecho de Gibraltar, los archipiélagos españoles y los intereses británicos, 1898–1918." *II Aula Canarias a el Noroeste de África (1986).* Hg. Morales Lezcano, Victor. Las Palmas, 1988, S. 425–447.

Asín Cabrera, María. *Islas y archipiélagos en las Comunidades Europeas: Estudio de los régimenes jurídicos especiales con particular consideración de Canarias.* Madrid, 1988.

Aznar Vallejo, Eduardo. *La integración de las Islas Canarias en la Corona de Castilla (1478–1526): Aspectos administrativos, sociales y económicos.* 2. Aufl., Las Palmas, 1992.

Azzuz Hakim, Ibn. "Un documento marroquí inédito referente a las Islas Canarias y la costa frontera (1882–1883)." *II Aula Canarias y el Noroeste de África (1986).* Hg. Morales Lezcano, Victor. Las Palmas, 1988, S. 171–194.

Baier, Lothar. "Bleibe im Haus und nähre dich redlich: Über alternatives Reisen, moderaten Eurozentrismus und eine Solidarität mit Risiko." *Gleichheitszeichen.* Berlin, 1985, S. 54–70.

Baedeker, Karl. *Das Mittelmeer, Hafenplätze und Seewege nebst Madeira, den Kanarischen Inseln, der Küste Marokkos, Algerien und Tunesien.* Leipzig, 1909.

Bausinger, Hermann / Beyerer, Klaus / Korff, Gottfried. *Reisekultur: Von der Pilgerfahrt zum modernen Tourismus.* München, 1991.

Benjamin, Walter. "Baedeker bedankt sich." *Gesammelte Schriften.* Bd. IV 1,2, Werkausgabe Bd. 11, Frankfurt a. M., 1972, S. 450.

Bennassar, Bartolomé. "El Santo Oficio de Canarias observatorio de la política africana: El caso de las guerras civiles marroquíes (1603–1610)." *VIII Coloquio de Historia Canario-Americana (1988).* Bd. 1, Hg. Morales Padrón, Francisco. Las Palmas, 1991, S. 5–16.

Bernecker, Walther. *Spaniens Geschichte seit dem Bürgerkrieg.* 2. Aufl., München, 1988.

– "Neutralität wider Willen: Spaniens verhinderter Kriegseintritt." *Kriegausbruch 1939: Beteiligte, Betroffene, Neutrale.* Hg. Altrichter, Helmut / Becker, Josef. München, 1989, S. 153–177.

Bernecker, Walther / Oehrlein, Josef. *Spanien heute: Politik, Wirtschaft, Kultur. Frankfurt, 1991.*

Bernecker, Walther / Pietschmann, Horst. *Geschichte Spaniens: Von der frühen Neuzeit bis zur Gegenwart.* Stuttgart, 1993.

Berninger, Heiner. "Die Reisebranche atmet auf." *Süddeutsche Zeitung* (16.–17. März 1991), S. 33.

Béthencourt Massieu, Antonio. *Canarias e Inglaterra: El comercio de vinos (1650–1800).* Las Palmas, 1991.

Bitterli, Urs. *Alte Welt – neue Welt: Formen des europäisch-überseeischen Kulturkontakts vom 15. bis zum 18. Jahrhundert.* München, 1992.

Blanco, Joaquín. *Breve noticia histórica de las Islas Canarias.* 2. Aufl., Las Palmas, 1976.

Börner, Klaus. *Auf der Suche nach dem irdischen Paradies: Zur Ikonographie der geographischen Utopie.* Frankfurt, 1984.

Borges, Analola. *El Archipiélago Canario y Las Indias occidentales.* Madrid, 1969.

Borges, Analola / Castillo, Jacinto del. "Consecuencias inmediatas de la real cédula del año 1678." *Serta Gratulatoria in honorem Juan Régulo. III Geografía e Historia.* Hg. Melena Jiménez, José-Luis u.a.. La Laguna, 1988, S. 319–329.

Boris, Dieter. *Ursprünge der europäischen Welteroberung.* Heilbronn, 1992.

Bory de Saint-Vincent, J.. *Essais sur les Iles Fortunées et l'Atlantique atlantide ou precis de l'histoire general de l'archipel des Canaries.* Paris, 1803.

Boxer, Charles R.. *The Portuguese Seaborne Empire 1415–1825.* London, 1991.

Brenner, Peter. "Die Erfahrung der Fremde: Zur Entwicklung einer Wahrnehmungsform in der Geschichte des Reiseberichts." *Der Reisebericht.* Hg. Brenner, Peter. Frankfurt a.M., 1989, S. 14–39.

Breyer, Niels / Hecker, Sabine u.a.. *Die Landwirtschaft auf den Kanarischen Inseln: Situation und Perspektiven nach Spaniens Beitritt zur Europäischen Gemeinschaft.* Berlin, 1987.

Brito González, Oswaldo. *Historia del movimiento obrero canario.* Madrid, 1981.

- *Historia contemporánea: Canarias 1770–1876: El tránsito a la contemporaneidad.* Santa Cruz, 1989.
- *Historia contemporánea: Canarias 1876–1931: La encrucijada internacional.* Santa Cruz, 1989.

Brockhaus-Lexikon. Stichwort "Spanische Kolonien", Bd. 20, 19. Aufl., Mannheim, 1993, S. 588.

Brown, A. Samler. *Madeira and the Canary Islands: A Practical and Complete Guide for the Use of Invalids and Tourists.* London, 1895.

Caballero Múgica, Francisco. "La iglesia católica en Canarias desde los orígines hasta el presente." *VII Coloquio de Historia Canario-Americana (1986).* Bd. 2, Hg. Morales Padrón, Francisco. Las Palmas, 1990, S. 187–216.

Cabrera Armas, Luis / Díaz de la Paz, Alvaro. "La economía contemporánea (I): El proceso de consolidación capitalista." *Historia de Canarias.* Bd. 4, Hg. Noreña Salto, Teresa / Pérez García, José. Las Palmas, 1992, S. 693–712.

Cabrera Perera, Antonio. *Las Islas Canarias en el mundo clásico.* Madrid, 1988.

Cabrera Pérez, José. "El redescubrimiento." *Historia de Canarias.* Bd. 1, Hg. Aznar Vallejo, Eduardo. Las Palmas, 1992, S. 97–114.

Le Canarien: Crónicas francesas de la conquista de Canarias (1402). Hg. Cioranescu, Alejandro. La Laguna, 1986.

Carballo Wangüemert, Benigno. *Las Afortunadas: Viaje descriptivo a las Islas Canarias (1861).* Santa Cruz, 1990.

Caro Baroja, Julio. *Der Inquisitor, der Eroberer, der Herr: Drei Berufsbilder aus der spanischen Geschichte.* Berlin, 1990.

Castellano Gil, José / Macías Martín, Francisco. *Historia de Canarias.* Santa Cruz, 1993.

Canarias en 1975: Análisis de su economía: Entre el subdesarrollo y el neocolonialismo. Hg. Centro de Investigación Económica y Social de la Caja Insular de Ahorros de Gran Canaria. 3. Aufl., Las Palmas, 1976.

Cedulario de Canarias. 3 Bde., Hg. Morales Padrón, Francisco. Las Palmas, 1970.

Chaunu, Pierre. *Séville et l'Amérique aux XVI et XVII siècles.* Paris, 1977.

Christ, Hermann. *Eine Frühlingsfahrt nach den Kanarischen Inseln.* Basel, 1886.

Cierva, Ricardo de la. *Historia general de España.* Bd. 5: *Los Reyes Católicos y la España Imperial.* Madrid, 1981.

Clarence-Smith, Gervase. "The Economic Dynamics of Spanish Imperialism: 1898–1945." *II Aula Canarias y el Noroeste de África (1986).* Hg. Morales Lezcano, Victor. Las Palmas, 1988, S. 15–28.

Colombo, Cristoforo. *Schiffstagebuch.* 2. Aufl., Köln, 1989.

Corbin, Alain. *Meereslust: Ein Reiseführer in die Geschichte unserer Sehnsucht nach dem Meer.* Berlin, 1990.

Crosby, Alfred W.. *Die Früchte des weißen Mannes: Ökologischer Imperialismus 900–1900.* Frankfurt / New York, 1991.

Cruz Caballero, Antonio. "El mercado turístico canario: Situación actual, promoción nuevos mercados." *IV Jornadas de Estudios Económicos Canarios: El turismo en Canarias.* Hg. Gobierno de Canarias. Las Palmas, 1985, S. 215–240.

Daus, Ronald. *Die Erfindung des Kolonialismus.* Wuppertal, 1983.

Davies, Peter N.. *The Trade Makers: Elder Dempster in West Africa 1852–1972.* London, 1973.

– *Sir Alfred Jones: Shipping Entrepreneur par Excellence.* London, 1978.

– "The British Contribution to the Economic Development of the Canary Islands with Special Reference to the Nineteenth Century." *VI Coloquio de Historia Canario-Americana (1984).* Bd. 3, Hg. Morales Padrón, Francisco. Las Palmas, 1987, S. 353–379.

– *Fyffes and the Banana: Musa Sapientum.* London, 1990.

Debary, Thomas Rev.. *Notes of a Residence in the Canary Islands, the South of Spain and Algiers: Illustration of the State of Religion in those Countries.* Las Palmas, 1856.

"Eine deutsche Bank interessiert sich für World Trade Center in Las Palmas." *info Canarias*, Nr. 155 (31. März 1994), S. 6.

Díaz Almeida, Francisco. "Una excursión por Gran Canaria: El turismo inglés en 1883, según Jules Verne." *Aguayro*, Nr. 175 (1988), S. 14–16.

Díaz Tejera, Antonio. "Las Canarias en la Antigüedad." *Canarias y América.* Hg. Morales Padrón, Francisco. Madrid, 1988, S. 13–32.

Díaz Torres, Javier. "El centro espacial: Desde el cielo a la tierra." *Islas*, Nr. 1 (1992), S. 26–30.

Dokumente zur Geschichte der europäischen Expansion. Bd. 1: *Die mittelalterlichen Ursprünge der europäischen Expansion.* Hg. Verlinden, Charles / Schmitt, Eberhard. München, 1986.

Dokumente zur Geschichte der europäischen Expansion. Bd. 4: *Wirtschaft und Handel der Kolonialreiche.* Hg. Schmitt, Eberhard. München, 1988.

Douglas, M.. *Grand Canary as a Health Resort.* London, 1887.

Drang nach Afrika: Die deutsche koloniale Expansionspolitik und Herrschaft in Afrika von den Anfängen bis zum Verlust der Kolonien. Hg. Stoecker, Helmuth. 2. Aufl., Berlin, 1991.

Edwards, Charles. *Rides and Studies in the Canary Islands.* London, 1887.

Eisenstein, R.. *Reise nach den Kanarischen Inseln.* Wien, 1868.

Elliott, John H.. *Imperial Spain: 1469–1716.* Harmondsworth, 1990.

– *Die Neue in der Alten Welt: Folgen einer Eroberung 1492–1650.* Berlin, 1992.

– "España e Inglaterra en las Indias." *Claves*, Nr. 23 (1992), S. 2–9.

Espadas Burgos, Manuel. "Empresas científicas y penetración alemana en Canarias: el pleito del Hotel Taro." *Anuario de Estudios Atlánticos*, Bd. 33 (1987), S. 221–239.

Espinosa, Fray Alonso de. *Historia de Nuestra Señora de la Candelaria.* Santa Cruz, 1952.

Europa 1400: Die Krise des Spätmittelalters. Hg. Seibt, Ferdinand / Eberhard, Winfried. Stuttgart, 1984.

Favier, Jean. *Gold und Gewürze: Der Aufstieg des Kaufmanns im Mittelalter.* Hamburg, 1992.

Fernández-Armesto, Felipe. *The Canary Islands after the Conquest: The Making of a Colonial Society in the Early Sixteenth Century.* Oxford, 1982.

– *Before Columbus: Exploration and Colonisation from the Mediterranean to the Atlantic 1229–1492.* Houndmills / London, 1987.

– *Columbus.* Oxford, 1992.

– "The Struggle for The Atlantic Islands." *The Woodstock Road Editorial*, Nr. 11 (1992), S. 5–6.

Fernaud, Pedro. "La dimensión africana de Canarias." *VI Coloquio de Historia Canario-Americana (1984).* Bd. 3, Hg. Morales Padrón, Francisco. Las Palmas, 1987, S. 11–24.

"Fiesta fürs Sonnendomizil." *Casa Canaria*, Nr. 6 (1993), S. 12.

Franco Silva, Alfonso. "El esclavo canario en el mercado de Sevilla a fines de Edad Media (1470–1525)." *VIII Coloquio de Historia Canario-Americana (1988).* Bd. 1, Hg. Morales Padrón, Francisco. Las Palmas, 1991, S.53–66.

Franzbach, Martin. *Die Hinwendung Spaniens zu Europa: Die 'generación del 98'.* Darmstadt, 1988.

Gallissot, René. "Kolonisation." *Kritisches Wörterbuch des Marxismus.* Bd. 4, Hg. Labica, Georges / Bensussan, Gérard / Haug, Wolfgang Fritz. Berlin, 1986, S. 657–662.

García-Gallo, Alfonso. "Los sistemas de colonización de Canarias y América en los siglos XV y XVI." *I Coloquio de Historia Canario-Americana (1976).* Hg. Morales Padrón, Francisco. Las Palmas, 1977, S. 423–442.

Garcia Pérez, José. *Viajeros ingleses en las Islas Canarias durante el siglo XIX.* Santa Cruz, 1988.

Garí-Montllor Hayek, Domingo. *Historia del nacionalismo canario.* Las Palmas / Santa Cruz, 1992.

– "Aproximación a la historia del nacionalismo canario." *IX Coloquio de Historia Canario-Americana (1990).* Bd. 1, Hg. Morales Padrón, Francisco. Las Palmas, 1992, S. 939–953.

Gaviria, Mario. *España a go-go: Turismo charter y neocolonialismo del espacio.* Madrid, 1974.

Geschichte in Quellen. Bd. 3: *Renaissance, Glaubenskämpfe, Absolutismus.* Hg. Dickmann, Fritz. München, 1966.

Giménez Fernández, Manuel. "América, 'Ysla de Canaria por ganar'." *Anuario de Estudios Atlánticos,* Bd. 1 (1955), S. 309–336.

Glas, George. *History of the Discovery and Conquest of the Canary Islands.* London, 1764.

Götz, Christiane. "'Ansturm der Araber': Madrid reagiert gelassen auf die Forderung Marokkos nach Rückgabe der Kanaren." *Focus,* Nr. 20 (1994), S. 244.

González, Ramón Felipe / Cabrera Acosta, Miguel Angel / Fernández Exposito, José. *La prensa burguesa en Canarias ante la guerra de Cuba.* Santa Cruz, 1986.

González Oramas, Ildefons. "El sector del tomate perderá esta campaña más de 8.000 millones." *Gaceta de los negocios* (13. April 1994), S. 62.

González Vázquez, Salvador. "La conspiración militar de 1936 en Canarias." *IX Coloquio de Historia Canario-Americana (1990).* Bd. 1, Hg. Morales Padrón, Francisco. Las Palmas, 1992, S. 1065–1100.

Die Große Politik der Europäischen Kabinette: Sammlung der Diplomatischen Akten des Auswärtigen Amtes 1871–1914. Bd. 15: *Rings um die Erste Haager Friedenskonferenz.* Berlin, 1924.

Gründer, Horst. *Geschichte der deutschen Kolonien.* 2. Aufl., Paderborn, 1991.

Guimerá Ravina, Agustín. *Burguesía extranjera y comercio atlántico: La empresa comercial irlandesa en Canarias (1703–1771).* Santa Cruz, 1985.

Guitán Ayneto, Carlos / Nadal Perdomo, Ignacio. *El Sur de Gran Canaria: Entre el turismo y la marginación.* Madrid, 1983.

Hart, E.A.. *Winter Trip to the Fortunate Islands.* London, 1887.

Heers, Jacques. *Christophe Colomb.* Paris, 1981.

– "Las empresas genovesas en el Atlántico durante el siglo XV: De la familia a la compañía." *VII Jornadas de Estudios Canarias-América: Canarias y América antes el Descubrimiento: La expansión europea.* Hg. Clavijo Hernández, Fernando. Santa Cruz, 1985, S. 37–60.

Held, Karl / Kreuzhage, Anselm. Krieg und Frieden. Frankfurt, 1982.

Hennig, Richard. *Terrae incognitae.* Bd. 3, 2. Aufl., Leiden, 1953.

Hentschel, Uwe. "Der Reisebericht." *Weimarer Beiträge* 36 (1990), 7, S. 1212–1215.

Hernández Bravo de Laguna, Juan. *Franquismo y transición política.* Santa Cruz, 1992.

Hernández García, Julio. *La invasión frustrada de los EE.UU. en Canarias en 1898.* Las Palmas, 1984.

Hernández González, Francisco. "Bosquejo de un plan turístico para la isla." *Isla*, Nr. 2 (1945), S. 34–36.

Hernández Gutiérrez, A.. *Arquitectura y urbanismo del turismo de masas en las Islas Canarias.* Santa Cruz, 1987.

Herrera Piqué, Alfredo. "La colonia inglesa en Gran Canaria: Una gran aventura económica en el siglo XIX." *Aguayro*, Nr. 94 (1977), S. 6–9.

– *Las Palmas de Gran Canaria.* 2 Bde., 3.Aufl., Madrid, 1984.

Heß, Joachim. *1920–1990: 70 Jahre Deutsche Schule – Colegio Alemán.* Jahresbericht / Memoria 1989/90. Las Palmas, 1990.

Hillgarth, Jocelyn Nigel. *The Spanish Kingdoms (1250–1516).* Oxford, 1978.

Hispanic Lands and Peoples: Selected Writings of James J. Parsons. Hg. Denevan, M. Williams. London / San Francisco, 1989.

Historical Dictionary of the Spanish Empire 1402–1975. Hg. Olson, James S.. New York / London, 1992.

Homer. *Die Odyssee.* Übersetzt in deutsche Prosa von Wolfgang Schadewaldt. Hamburg, 1958.

Hübner, Dietlinde. "Weltweiter Streubesitz." *Entwicklungspolitische Korrespondenz*, Nr. 2 (1990), S. 4–7.

Hurtienne, Thomas. "Die europäische Expansion nach Übersee und der innereuropäische Transformationsprozeß". *Peripherie*, Nr. 43/44 (1992), S. 59–93.

"'Ich arbeite mit dem Kopf – nicht mit der Faust oder der Pistole': In einem Interview mit Welt am Sonntag beantwortet Deutschlands erfolgreichster V-Mann Werner Mauss zum ersten Mal Fragen über sein Leben und seine Leistungen." *Welt am Sonntag* (28. Februar 1988), S. 6.

Informes consulares británicos sobre Canarias. 2 Bde., Hg. Quintana Navarro, Francisco. Las Palmas, 1992.

Introducción a un estudio socioeconómico del turismo en la provincia de Las Palmas. Hg. Centro de Investigación Económica y Social de la Caja Insular de Ahorros de Gran Canaria. Las Palmas, 1974.

Jiménez González, José. "La conquista realenga." *Historia de Canarias.* Bd. 1, Hg. Aznar Vallejo, Eduardo. Las Palmas, 1992, S. 165–180.

Jost, Herbert. "Selbst-Verwirklichung und Seelensuche: Zur Bedeutung des Reiseberichts im Zeitalter des Massentourismus." *Der Reisebericht.* Hg. Brenner, Peter. Frankfurt a.M., 1989, S. 496–507.

Juderías, Julián. *La leyenda negra y la verdad histórica.* Madrid, 1913.

Kamen, Henry. *La España Imperial.* Madrid, 1991.

Keats, John. *Poetical Works.* Oxford, 1956.

Kellenbenz, Hermann. "Las relaciones comerciales de Alemania con Canarias hasta comienzos del siglo XIX." *VIII Coloquio de Historia Canario-Americana (1988).* Bd. 2, Hg. Morales Padrón, Francisco. Las Palmas, 1991, S. 131–149.

Kennedy, Paul. *The Rise of the Anglo-German Antagonism: 1860–1914.* London, 1980.

Klein, Klaus-Peter. "Reiseführer: Gebrauchsliteratur für unterwegs und zu Hause." *Der Deutschunterricht*, Nr. 2 (1985), S. 18–28.

Kossok, Manfred. *1492: Die Welt an der Schwelle der Neuzeit.* Leipzig, 1992.

Köck, Christoph. *Sehnsucht Abenteuer: Auf den Spuren der Erlebnisgesellschaft . Berlin 1990*

"Eine königliche Demokratie." *MSZ*, Nr. 5 (1986), S. 25–31.

Köhler, Holm-Detlev. "Spaniens Demokratie unter Modernisierungszwang." *Prokla*, Nr. 68 (1987), S. 131–151.

– *Spaniens Gewerkschaftsbewegung: Demokratischer Übergang – Regionalismus - Ökonomische Modernisierung.* Münster, 1993.

Krohn, Heinrich. *Welche Lust gewährt das Reisen!* 2. Aufl., München, 1987.

Ladero Quesada, Miguel. "El señorio y la lucha por la soberanía." *Historia de Canarias.* Bd. 1, Hg. Morales Padrón, Francisco. Las Palmas, 1992, S. 133–148.

Las Casas, Fray Bartolomé de. *Brevísima relación de la destrucción de África: Preludio de la destrucción de Indias.* Hg. Pérez Fernández, Isacio. Salamanca, 1989.

Lasay'Abar, Labana. "La visión negro-africana del papel jugado por Canarias en la política africana de España." *III Aula Canarias y el Noroeste de África (1988).* Hg. Morales Lezcano, Victor. Las Palmas, 1993.

Latimer, Frances. *The English in the Canary Islands.* Plymouth / London, 1889.

Leclerq, Jules. *Viaje a las Islas Afortunadas.* Las Palmas / Santa Cruz, 1990. (1879)

Le Goff, Jacques. *Kaufleute und Bankiers im Mittelalter.* Frankfurt / New York, 1993.

Libro Rojo de Gran Canaria o Gran libro de Provisiones y Reales Cédulas. Hg. Cullen del Castillo, Pedro. Las Palmas, 1947.

Lobo Cabrera, Manuel. *Cuadernos de historia de Canarias.* Bd.2: *Viajes, conquista y colonización.* Las Palmas, 1987.

– *El comercio canario europeo bajo Felipe II.* Funchal, 1988.

– "Canarias y América en en siglo de la conquista." *Vegueta*, Nr. 0 (1992), S. 43–53.

– "La economía mercantil (I): Comercio con Europa." *Historia de Canarias.* Bd. 2, Hg. Lobo Cabrera, Manuel. Las Palmas, 1992, S. 333–352.

– "Las partidas y la esclavitud: Aplicación en el sistema esclavista canario." *Vegueta*, Nr. 1 (1993), S. 75–83.

Lobo Cabrera, Manuel / Torres Santana, Elisa. "La economía mercantil (II): El comercio con África y América." *Historia de Canarias.* Bd. 2, Hg. Lobo Cabrera, Manuel. Las Palmas, 1992, S. 353–368.

Löher, Franz von. *Nach den Glücklichen Inseln: Canarische Reisetage.* Bielefeld, 1876.

– "Stellung der Kanaren in der Entdeckungsgeschichte." *Beiträge zur Geschichte und Völkerkunde.* Bd. 1, Frankfurt, 1886, S. 236–262.

– *Das Kanarierbuch: Geschichte und Gesitttung der Germanen auf den Kanarischen Inseln.* München, 1895.

– *Los germanos en las Islas Canarias.* Hg. Tejera Gaspar, Antonio. Las Palmas, 1990.

López Herrera, Salvador. *Die Kanarischen Inseln: Ein geschichtlicher Überblick.* 3. Aufl., Santa Cruz, 1978.

Loth, Heinrich. *Afrika: Ein Zentrum der alten Welt.* Berlin, 1990.

Macías Hernández, Antonio. "Canarias en la edad moderna (circa 1500–1850)." *Historia de los pueblos de España: Tierras fronterizas (I).* Hg. Barceló, Miquel. Barcelona, 1984, S. 312–341.

– "La emigración." *Geografía de Canarias.* Hg. Morales Matos, Guillermo. Las Palmas, 1993, S. 277–292.

Macleod, Donald V.L.. *Change in a Canary Island Fishing Settlement, with Reference to the Influence of Tourism.* Oxford, 1993 (unveröffentlichte Dissertation).

Maliniak, Thierry. "Hamlet en Canarias." *Canarias ante el desafío de 1992.* Hg. Cabildo de Tenerife. Santa Cruz, 1989, S. 119–123.

Martín Gómez, Cristina. "La adhesión de Canarias a las Comunidades Europeas: Las modificaciones producidas." *Vegueta*, Nr. 1 (1993), S. 353–368.

Martín de Guzmán, Celso. "Ultimas tendencias metodológicas de la historiografía canaria." *VII Coloquio de Historia Canario-Americana (1986).* Bd, 1. Hg. Morales Padrón, Francisco. Las Palmas, 1990, S. 145–257.

Martín Hernández, Ulises. *Tenerife y el expansionismo ultramarino europeo (1880–1919).* Santa Cruz, 1988.

– "La crisis finisecular y el valor geostratégico de Canarias." *Aproximación a la historia de Canarias.* Hg. Universidad de La Laguna. Santa Cruz, 1989.

– *La presencia extranjera en Tenerife: Un enfoque sociológico (1880–1919).* La Laguna, 1990.

– *El comercio exterior canario (1880–1920): Importación y exportación.* Santa Cruz, 1992.

Martínez Carreras, José / Menchén Barrios, M. Teresa. "Intentos alemanes de expansión colonial por los territorios españoles de África Occidental: El caso de Canarias." *VI Coloquio de Historia Canario-Americana (1984).* Bd. 3, Hg. Morales Padrón, Francisco. Las Palmas, 1987, S. 403–416.

Martínez Hernández, Marcos. *Canarias en la mitología: Historia mítica del archipiélago.* Santa Cruz, 1992.

Martínez Milán, Jesús. *Las pesquerías canario-africanas (1800–1914).* Las Palmas, 1992.

May-Landgrebe, Silke. "Touristische Entwicklungsstrategien: Wege aus der Armut?" *Peripherie*, Nr. 25/26 (1987), S. 165–180.

Memoria Gran Canaria: Una estrategia territorial (Plan Insular de Ordenación de Gran Canaria). Hg. Cabildo de Gran Canaria. Las Palmas, 1992.

Millares Cantero, Agustín. "Sobre el papel de las compañías imperialistas en Gran Canaria: Unión, Coppa, City, Selp, Cícer, Unelco y Tranvías (III)." *Aguayro*, Nr. 100 (1978), S. 39–42.

– "Canarias en la edad contemporánea." *Historia de los pueblos de España: Tierras fronterizas (I).* Hg. Barceló, Miquel. Barcelona, 1984, S. 342–374.

Millares Torres, A.. *Historia General de las Islas Canarias.* 5 Bde., Las Palmas, 1977.

Minchinton, Walter. "The Canaries in the British Trading World of the Eighteenth Century." *IX Coloquio de Historia Canario-Americana (1990).* Bd. 2, Hg. Morales Padrón, Francisco. Las Palmas, 1992, S. 673–695.

Minutoli, Julius Freiherr von. *Die Kanarischen Inseln: Ihre Vergangenheit und Zukunft.* Berlin, 1854.

Mires, Fernando. *Im Namen des Kreuzes. Der Genozid an den Indianern während der spanischen Eroberung: Theologische und politische Diskussion.* Fribourg / Brig, 1989.

Mollat du Jourdin, Michel. *Europa und das Meer.* München, 1993.

Morales Lezcano, Victor. "Canarias en la dinámica del colonialismo español en África: 1860–1975." *V Coloquio de Historia Canario-Americana (1982).* Bd. 2, Hg. Morales Padrón, Francisco. Las Palmas, 1985, S. 857–861.

– "Operación Pilgrim: Ocupación de Canarias por Inglaterra (1941)." *Serta Gratulatoria in honorem Juan Régulo. III Geografía e Historia.* Hg. Melena Jiménez, José-Luis u.a.. La Laguna, 1988, S. 617–634.

– *Los ingleses en Canarias.* Las Palmas, 1992.

Morales Padrón, Francisco. "Las Canarias: Primeras Antillas." *Canarias y América.* Hg. Morales Padrón, Francisco. Madrid, 1988, S. 59–66.

– "Las Canarias, camino para las Indias." *Canarias y América.* Hg. Morales Padrón, Francisco. Madrid, 1988, S. 67–74.

– "El nacionalismo canario y sus vinculaciones con América." *Canarias y América.* Hg. Morales Padrón, Francisco. Madrid, 1988, S. 171–180.

Moreno Alonso, Manuel. "Las islas del Atlántico sur y el imperialismo británico en el siglo XIX." *V Coloquio de Historia Canario-Americana (1982).* Bd. 4, Hg. Morales Padrón, Francisco. Las Palmas, 1985, S. 637–678.

Murray, Elizabeth. *Sixteen Years of an Artist's Life in Marocco, Spain and the Canary Islands.* London, 1859.

El nacionalismo revolucionario de Canarias: La 'crisis' colonial de Madrid. Hg. Departamento de información y formación política del MPAIAC. Algier, 1970.

Neubach, Walther. *Die Glücklichen Inseln.* Bielefeld / Leipzig, 1937.

Nicols, Thomas. *A Pleasant Description of the Fortunate Islands, Called the Islands of Canaria, with their Strange Fruits and Commodities. Composed by the Poore Pilgrime.* London, 1583.

North, Marianne. *Recollections of a Happy Life.* London, 1892.

Oliva, Emilio. "Con la vista en el espacio." *Revista española de defensa,* Nr. 29/30 (1990), S. 10–13.

Opaschowski, Horst. *Tourismusforschung.* Opladen, 1989.

– *Ökologie von Freizeit und Tourismus.* Opladen, 1991.

Orihuela Suárez, Alexis / Suárez Bosa, Miguel / Anaya Hernández, Luis / Alcaraz Abellán, José / Millares Cantero, Sergio. *De la República a la Guerra Civil en Las Palmas.* Las Palmas, 1992.

Otte, Enrique. "Canarias: Plaza bancaria europea en el siglo XVI." *IV Coloquio de Historia Canario-Americana (1980).* Bd. 1, Hg. Morales Padrón, Francisco. Las Palmas, 1983, S. 156–173.

Paz Sánchez, Manuel de. "Corsarios insurgentes en aguas de Canarias (1816–1828)." *VIII Coloquio de Historia Canario-Americana (1988).* Bd. 1, Hg. Morales Padrón, Francisco. Las Palmas, 1990, S. 679–693.

Pérez Fernández, Isacio. "Estudio preliminar." Fray Bartolomé de Las Casas. *Brevísima relación de la destrucción de África: Preludio de la destrucción de Indias.* Hg. I. Pérez-Fernández. Salamanca, 1989, S. 11–190.

Pérez-Grueso, María Dolores Elizalde. *España en el Pacífico: La colonia de las Islas Carolinas 1885–1899.* Madrid, 1992.

Pérez Ortega, Julio. *La Conquista de Canarias.* Bd. 2, Santa Cruz, 1986.

– *Fray Bartolomé de Las Casas y ¿la destrucción de Canarias?* Santa Cruz, 1993.

Pérez Rodríguez, Manuel. *Los extranjeros en Canarias: Historia de su situación jurídica.* La Laguna, 1990.

– *La entrada y el establecimiento de extranjeros en Canarias.* Santa Cruz, 1991.

Petermann, A.. *Reisebilder von den Canarischen Inseln.* Gotha, 1867.

Petrie, Charles. *Die Chamberlains.* 2. Aufl., Leipzig, 1938.

Plinius Secundus, Gajus. *Naturgeschichte.* 3 Bde., übersetzt und mit erläuternden Registern versehen von Christian Friedrich Lebrecht Strack. Bremen, 1853.

Pohrt, Wolfgang. "Woher? Wohin? Rückblick auf die Herkunft des Massentourismus." *Konkret*, Nr. 5 (1984), S. 66–68.

Ponce Marrero, Javier. "El bloqueo aliado y el control de la navegación en Canarias durante la Primera Guerra Mundial." *Vegueta*, Nr. 0 (1992), S. 137–148.

– "Canarias y la expansión de los imperialismos: De la Europa Bismarckiana a la crisis finisecular, 1880–1899." *Vegueta*, Nr. 1 (1993), S. 167–177.

Puigpelat, Francese. "Sin moros en la costa." *El País* (3. März 1991), S. N3.

Quesada, Alonso. *Smoking Room (Cuentos de los ingleses de la colonia en Canarias).* Obra completa. Bd. 5, Las Palmas, 1986.

Quensell, Tilmann. *Die Auswirkungen des EG-Beitritts Spaniens auf die Exportlandwirtschaft der Kanarischen Inseln.* Hamburg / Berlin, 1989.

Quintana Navarro, Francisco. *Barcos, negocios y burgueses en el Puerto de la Luz 1883–1913.* Las Palmas, 1985.

– "La ocupación de Ifni (1934): Anotaciones a un capítulo de la política africanista de la 2ª República." *II Aula Canarias y el Noroeste de África (1986).* Hg. Morales Lezcano, Victor. Las Palmas, 1988, S. 93–124.

– "Los intereses británicos en Canarias en los años treinta: una aproximación." *Vegueta*, Nr. 0 (1992), S. 149–172.

– "Trayectoria histórica del Imperio Británico en Canarias (siglos XIX y XX)." Las Palmas, 1993 (unveröffentlichtes Manuskript).

Régulo Pérez, Juan. *Contribución de los judíos a la formación de la sociedad de las Islas Canarias.* Granada, 1966.

Rehrmann, Norbert. *Spanien: Kulturgeschichtliches Lesebuch. Texte und Kommentare.* Frankfurt am Main, 1991.

Remie Constable, Olivia. *Trade and Traders in Muslim Spain: The Commercial Realignment of the Iberian Peninsula 900–1500.* Cambridge, 1994.

Reyes González, Nicolás / Sánchez Jiménez, Carmen. "La burguesía canaria: Una aportación metodológica para su estudio histórico." *Serta Gratulatoria in honorem Juan Régulo: III Geografía e Historia.* Hg. Melena Jiménez, José-Luis. La Laguna, 1988, S. 747–763.

Riedel, Uwe. *Der Fremdenverkehr auf den Kanarischen Inseln: Eine geographische Untersuchung.* Kiel, 1971.

Rigaux, Francois. "Reflexionen über eine neue Weltordnung." *Prokla,* Nr. 84 (1991), S. 384–399.

Rodríguez Martín, José. "La economía contemporánea (III): De la autarquía a la integración en la C.E." *Historia de Canarias.* Bd. 4, Hg. Noreña Salto, Maria / Pérez García, José. Las Palmas, 1992, S. 733–752.

Röhl, Wolfgang. "Saison '89: Urlauber adieu." *Stern,* Nr. 38 (1989), S. 30–38.

– "Massenflucht an die Playa: Die Deutschen nehmen Reißaus vor Kälte und Krise." *Stern,* Nr. 49 (1993), S. 22–27.

Rössel, Karl. *Wind, Sand und (Mercedes-) Sterne. Westsahara: Der vergessene Kampf.* Unkel/Rhein, 1991.

Rojas Donat, Luis. "Posesión de territorios de infieles durante el siglo XV: Las Canarias y Las Indias". *X Coloquio de Historia Canario-Americana (1992).* Bd. 1, Hg. Morales Padrón, Francisco. Las Palmas, 1994, S. 10–140.

Romano, Ruggiero / Tenenti, Alberto. *Die Grundlegung der modernen Welt: Spätmittelalter, Renaissance, Reformation.* Fischer Weltgeschichte, Bd. 12, Frankfurt, 1984.

Romeu Palazuelos, Enrique / Rosa Olivera, Leopoldo / Bernal Rodríguez, Antonio. *Las Islas Canarias.* Madrid, 1981.

Roncière, Charles de la. *La découverte de l'Afrique au Moyen Age: Cartographes et explorateurs.* 3 Bde., Kairo, 1925–1927.

Ronquillo Rubio, Manuela. *El Tribunal de la Inquisición en Canarias (1505–1526).* Las Palmas, 1990.

– "Administración civil y eclesiástica." *Historia de Canarias.* Bd. 1, Hg. Aznar Vallejo, Eduardo. Las Palmas, 1992, S. 217–236.

Rosenke, Werena. "Das Elend ist ein Meister aus Europa: Aspekte des europäischen Kolonialismus in Afrika." *Warum Montezuma nicht Europa entdeckt hat.* Hg. Wahl, Peter. Köln, 1991, S. 54–67.

Rumeu de Armas, Antonio. "La expansión europea en África: La rivalidad hispano-lusa por el dominio político del continente." *VII Jornadas de Estudios Canarias-América. Canarias y América antes el Descubrimiento: La expansión europea.* Hg. Clavijo Hernández, Fernando. Santa Cruz, 1985, S. 241–264.

– *Canarias y el Atlántico*: Piraterías y ataques navales. 5 Bde., Las Palmas / Santa Cruz, 1991.

Salentiny, Fernand. *Die Gewürzroute*: Die Entdeckung des Seewegs nach Asien. Köln, 1991.

Sánchez, Carlos. "El turismo en Gran Canaria." *Isla*, Nr. 6 (1949), S. 3.

Santana Pérez, Juan / Sánchez Suárez, José. *Emigración por reclutamientos: Canarias y Luisiana.* Las Palmas, 1993.

Santana Santana, Antonio. "La evolución del paisaje (I)." *Geografía de Canarias.* Hg. Morales Matos, Guillermo. Las Palmas, 1993, S. 197–212.

Santana Santana, Maria del Carmen. *La producción del espacio turístico en Canarias (el ejemplo del municipio de Adeje en el sur de Tenerife).* Las Palmas, 1993.

Schauer, Rainer. "Kraft durch Freude." *Frankfurter Allgemeine Zeitung Magazin*, Nr. 584 (10. März 1991), S.28–30.

Schmitt, Eberhard. *Die Anfänge der europäischen Expansion.* Idstein, 1991.

Schrader, Ludwig. "Kolumbus: Seine Vorbereiter, seine Fahrten, seine Berichte." *Reisen in reale und mythische Ferne: Reiseliteratur in Mittelalter und Renaissance.* Hg. Wunderli, Peter. Düsseldorf, 1993, S. 232–254.

Schwidetzky, Ilse. "Neuere Entwicklungen in der Rassenkunde des Menschen." *Die Neue Rassenkunde.* Hg. Schwidetzky, Ilse. Stuttgart, 1962, S. 15–134.

– *Die vorspanische Bevölkerung der Kanarischen Inseln.* Göttingen, 1963.

– *La población prehispánica de las Islas Canarias: Investigaciones antropológicas.* Santa Cruz, 1963.

Spanien-Lexikon: Wirtschaft, Politik, Kultur. Hg. Bernecker, Walther u.a.. München, 1990.

Shakespeare, William. *The Complete Works.* Hg. Wells, Stanley / Taylor, Gary. Oxford, 1994.

Simon, André L.. *The History of the Wine Trade in England.* 3 Bde., London, 1964.

Spoo, Eckart. "Niedersächsischer V-Mann soll Erpressung vorgeschlagen haben." *Frankfurter Rundschau* (25. Mai 1988), S.4.

"Spanien nach Maastricht: Nach dem 'Jahr der Rasse' – die Krise in der Kasse." *Gegenstandpunkt*, Nr. 1 (1993), S. 92–105.

Steckley, George. "The Wine Economy of Tenerife in the Seventeenth Century: Anglo-Spanish Partnership in a Luxury Trade." *Economic History Review*, Bd. XXXIII (1980), S. 335–350.

Stone, Olivia. *Teneriffe and its Six Satellites or: The Canary Islands Past and Present.* 3 Bde., London, 1887.

Suárez Acosta, José / Rodríguez Lorenzo, Félix / Quintero Padrón, Carmelo. *Conquista y colonización.* Santa Cruz, 1988.

Suárez Bosa, Miguel / Alcaraz Abellán, José u.a.. "La guerra civil en las colonias españolas del África occidental y Guinea (1036–1939)." Hg. Morales Lezcano, Victor. Las Palmas, 1993, S. 189–211.

Suárez Fernández, Luis. "La España que descubrió América." *Atlántida*, Nr. 12 (1992), S. 34–47.

Suárez Grimón, Vicente. *La propiedad pública, vinculada y eclesiástica en Gran Canaria, en la crisis del Antiguo Régimen.* 2 Bde., Las Palmas, 1987.

Taylor, Cleasby. *The Health Resorts of the Canary Islands.* London, 1893.

Tejera Gaspar, Antonio / González Antón, Rafael. *Las culturas aborígenes canarias.* Santa Cruz, 1987.

Textos de historia. Hg. Paz Sánchez, Manuel de. Santa Cruz, 1988.

Tietz, Manfred. "Concordato." *Spanien-Lexikon: Wirtschaft, Politik, Kultur, Gesellschaft.* Hg. Bernecker, Walther u.a.. München, 1990, S. 105–106.

Todorov, Tzvetan. *Die Eroberung Amerikas: Das Problem des Anderen.* Frankfurt, 1985.

Torres Santana, Elisa. *La burguesía mercantil de las Canarias orientales (1600–1625).* Las Palmas, 1991.

Torres Santana, Elisa / Lobo Cabrera, Manuel. "El régimen comercial canario-americano." *Canarias y América.* Hg. Morales Padrón, Francisco. Madrid, 1988, S. 109–122.

Torriani, Leonardo. *Descripción de las Islas Canarias.* Hg. Cioranescu, Alejandro. Santa Cruz, 1978.

"Tourismusgesetz stößt auf herbe Kritik." *info Canarias*, Nr. 151 (3. März 1994), S. 5f.

Treffpunkt Gran Canaria: Ihre Tagungsinsel. Hg. Patronato de Turismo. Las Palmas, 1994.

"Tropical Off-Shore." *Financial Times* (19. April 1991), S. 35.

"Umweltschutz zum Anfassen: Ein Interview mit dem Umweltbeauftragten der TUI." *Reisefieber* (Mai 1991), S. 34

Unamuno, Miguel de. *Por tierras de Portugal y España.* Buenos Aires, 1941.

Velasco Murviedro, Carlos. "Papel económico de las colonias del África noroccidental españolas en la articulación del espacio vital de España (EVE) durante la autarquía (1936–1951): El caso de Canarias." *II Aula Canarias y el Noroeste de África (1986).* Hg. Morales Lezcano, Victor. Las Palmas, 1988, S. 47–91.

Vera Galván, José. *Espacio y turismo: Investigación sobre la teoria y praxis de la producción turística.* La Laguna, 1984. (unveröffentlichtes Manuskript)

– "El desarrollo turístico." *Geografía de Canarias.* Hg. Morales Matos, Guillermo. Las Palmas, 1993, S. 469–484.

Verlinden, Charles. "Lanzarotto Malocello et la découverte portugaise des Canaries." *Revue belge de Philologie et d'Histoire,* Bd. 36 (1958), S. 1173–1209.

Verlinden, Charles / Pérez-Embid, Florentino. *Cristóbal Colón y el descubrimiento de América.* Madrid, 1967.

Verneau, R.. *Cinco años de estancia en las Islas Canarias.* 3. Aufl., Orotava, 1987.

Vernet, Juan. "Textos árabes de viajes por el Atlántico." *Anuario de Estudios Atlánticos,* Bd. 17 (1971), S. 401–427.

Viera y Clavijo, José. *Historia de Canarias (1776).* 2 Bde., Hg. Cioranescu, Alejandro. Santa Cruz, 1982.

Viña Brito, Ana. "La conquista señorial." *Historia de Canarias.* Bd. 1, Hg. Aznar Vallejo, Eduardo. Las Palmas, 1992 S. 117–132.

Vones, Ludwig. *Geschichte der Iberischen Halbinsel im Mittelalter (711–1480): Reiche, Kronen, Regionen.* Sigmaringen, 1993.

Whitford, John. *The Canary Islands as a Winter Resort.* London, 1890.

Wölfel, Dominik Josef. *Monumentae Linguae Canariae. Die kanarischen Sprachdenkmäler: Eine Studie zur Vor- und Frühgeschichte Weißafrikas.* Graz, 1965.

Wolf, Eric R.. *Die Völker ohne Geschichte: Europa und die andere Welt seit 1400.* Frankfurt / New York, 1991.

Zaragoza, Gonzalo. *Los grandes descubrimientos.* 3. Aufl., Madrid, 1990.

Zeuske, Max. *Die Conquista.* Leipzig, 1992.

Zöllner, Walter. *Kulturgeschichte im Prisma: Spanien.* Leipzig, 1988.